**Die Mitwirkung der Arbeitgeber
bei der Erhebung der Kirchensteuer**

Staatskirchenrechtliche Abhandlungen

Herausgegeben von Ernst Friesenhahn · Alexander Hollerbach
Paul Mikat · Klaus Mörsdorf · Ulrich Scheuner

Band 2

Die Mitwirkung der Arbeitgeber bei der Erhebung der Kirchensteuer

Vier Rechtsgutachten zur Frage ihrer Verfassungsmäßigkeit

Von

Axel Frhr. v. Campenhausen · Theodor Maunz
Ulrich Scheuner · Herbert Scholtissek

DUNCKER & HUMBLOT / BERLIN

Alle Rechte vorbehalten
© 1971 Duncker & Humblot, Berlin 41
Gedruckt 1971 bei Berliner Buchdruckerei Union GmbH., Berlin 61
Printed in Germany

ISBN 3 428 02405 2

Vorwort

Im August 1969 hatte ein Arbeitgeber aus Frankfurt a. M. bei dem Verwaltungsgericht in Frankfurt a. M. gegen das Land Hessen Klage erhoben und beantragt, festzustellen, daß er nicht verpflichtet sei, vom Arbeitslohn der in seiner Praxis beschäftigten evangelischen und katholischen Arbeitnehmer Kirchenlohnsteuer einzubehalten und an das zuständige Finanzamt abzuführen. Das Verwaltungsgericht Frankfurt a. M. hatte in dieser Sache im November 1969 beschlossen, eine Entscheidung des Bundesverfassungsgerichts darüber einzuholen, ob die Vorschrift des § 9 Abs. 2 des Hessischen Kirchensteuergesetzes in der Fassung vom 25. 9. 1968 (GVBl. S. 268) gegen Artikel 2 Abs. 1 des Grundgesetzes verstoße und deshalb nichtig sei. Der § 9 Abs. 2 des Hessischen Kirchensteuergesetzes lautet:

„Soweit die Einkommensteuer durch Steuerabzug vom Arbeitslohn erhoben wird (Lohnsteuer), kann durch Verordnung dieses Verfahren auf Antrag der Kirchen auch für die Kirchensteuer eingeführt werden, die als Zuschlag zur Lohnsteuer erhoben wird. Der Arbeitgeber hat dann auch die Kirchensteuer einzubehalten und an das Finanzamt gleichzeitig mit der Lohnsteuer abzuführen. Für die Haftung des Arbeitgebers und des Arbeitnehmers bei der Abführung der Kirchensteuer gelten die gleichen Vorschriften wie für den Lohnsteuerabzug."

In dem sich anschließenden konkreten Normenkontrollverfahren vor dem Bundesverfassungsgericht hatten die Bistümer und Landeskirchen im Lande Hessen über ein bereits vorliegendes Gutachten von Herrn Bundesverfassungsrichter i. R. Dr. Scholtissek hinaus weitere Gutachten eingeholt. Es handelt sich um die Gutachten der Herren Professoren v. Campenhausen (München), Maunz (München) und Scheuner (Bonn). Im Juli 1970 nahm der Kläger seine Klage bei dem Verwaltungsgericht Frankfurt zurück. Damit endete auch das konkrete Normenkontrollverfahren vor dem Bundesverfassungsgericht.

Im Hinblick darauf, daß in den vorliegenden Gutachten Fragen von grundsätzlicher und aktueller Bedeutung behandelt worden sind, erachten es die Herausgeber für geboten, diese Gutachten einem weiteren Kreis wissenschaftlich Interessierter zugänglich zu machen.

Die Herausgeber

Inhalt

Dr. *Axel Frhr. v. Campenhausen,* Professor an der Universität München:
Verfassungsrechtliche Prüfung der Verpflichtung des Arbeitgebers zur Berechnung und Abführung der Kirchenlohnsteuer 9

Dr. *Theodor Maunz,* Professor an der Universität München:
Die Verfassungsmäßigkeit des Lohnabzugsverfahrens bei der Erhebung der Kirchensteuer 15

Dr. *Ulrich Scheuner,* Professor an der Universität Bonn:
Die Vereinbarkeit des Kirchenlohnsteuerabzugsverfahrens mit dem Grundgesetz 41

Dr. *Herbert Scholtissek,* Bundesverfassungsrichter i. R., Baden-Baden:
Ist die Verpflichtung des Arbeitgebers zur Einbehaltung und Abführung der Kirchenlohnsteuer mit dem Grundgesetz vereinbar? 89

Verfassungsrechtliche Prüfung der Verpflichtung des Arbeitgebers zur Berechnung und Abführung der Kirchenlohnsteuer

Von Axel Frhr. v. Campenhausen, München

Zu dem Beschluß der III. Kammer des Verwaltungsgerichts Frankfurt/M. vom 7. November 1969 — III/2 — E 128/69 — nehmen wir wie folgt Stellung*:

Das Verwaltungsgericht hält § 9 Abs. 2 des Hess. Kirchensteuergesetzes i. d. F. vom 25. September 1968 (GVBl. S. 268) wegen Verstoßes gegen Art. 2 Abs. 1 GG insofern für nichtig, als diese Vorschrift die Arbeitgeber verpflichtet, von ihren Arbeitnehmern die als Zuschlag zur Lohnsteuer erhobene Kirchensteuer einzubehalten und an das Finanzamt abzuführen.

1. Zunächst muß der Heranziehung des Art. 2 Abs. 1 GG widersprochen werden. Das BVerfG beurteilt in E 22, 380 die Verpflichtung der Banken zur Einbehaltung der Kuponsteuer nach Art. 12 Abs. 1 Satz 2 GG. In den Gründen (a.a.O., S. 383) wird die Pflicht des Arbeitgebers zur Einbehaltung der Lohnsteuer dieser Verpflichtung gleichgestellt. Das Kirchenlohnsteuerabzugsverfahren unterscheidet sich hinsichtlich der Belastung des Arbeitgebers nicht vom Lohnsteuerabzugsverfahren. Es ist daher ebenfalls an Art. 12 Abs. 1 Satz 2 GG zu messen. Art. 2 GG kommt als das subsidiäre Grundrecht nicht zur Anwendung. Etwas anderes ergibt sich auch nicht aus dem Kirchenbausteuerurteil des BVerfG (BVerfGE 19, 206). Hier war der Rückgriff auf Art. 2 deshalb notwendig, weil es um eine Zahlungsverpflichtung des Gewerbebetriebes ging, die im Unterschied zu der hier vorliegenden Handlungspflicht des Arbeitgebers nicht als Berufsausübungsregelung verstanden werden konnte.

2. Die Regelung des § 9 Abs. 2 ist mit Art. 12 Abs. 1 Satz 2 GG vereinbar. Nach Art. 12 Abs. 1 Satz 2 GG kann die Berufsausübung durch Gesetz geregelt werden. Dabei ist jedoch nicht jede den Grundrechtsträger belastende Regelung statthaft, auch nicht jede, die den Wesensgehalt des Grundrechts unangetastet läßt (BVerfGE 7, 377 [409]). Es

---

* Bei der Abfassung dieser Stellungnahme hat mich Dr. *P. v. Tiling* unterstützt.

bedarf vielmehr einer Abwägung der einander gegenüberstehenden Interessen des einzelnen und der Gesamtheit, wobei dem Freiheitsrecht ein grundsätzlicher Vorrang einzuräumen ist. Die Freiheit der Berufsausübung kann im Wege der „Regelung" beschränkt werden, soweit vernünftige Erwägungen des Gemeinwohls dafür sprechen (BVerfGE 22, 380 [384]) und die Belastung weder unangemessen noch unzumutbar ist (a.a.O., S. 385).

Nach diesen Grundsätzen erscheint der Kirchenlohnsteuerabzug durch den Arbeitgeber ebenso unbedenklich wie die Kuponsteuerabführung durch die Banken. Die Belastung des Arbeitgebers dürfte wegen des engen Anschlusses der Kirchenlohnsteuerabzugspflicht an die nicht bestrittene und nicht bestreitbare (BVerfGE 19, 226 [240]) Lohnsteuerabzugspflicht sehr gering sein[1], geringer jedenfalls als die der Bank bei der Kuponsteuer. Dem Gemeinwohl dient das Verfahren in mehrfacher Hinsicht. Die staatliche Finanzverwaltung wird von ihrer nach Art. 137 Abs. 6 WRV i. V. m. Art. 140 GG bestehenden[2] Verpflichtung, „bürgerliche Steuerlisten" zu erstellen, frei, einer Verpflichtung, der sie nur mit zusätzlichem Arbeitsaufwand nachkommen könnte. Speziell in Hessen kommt der Staat auch einer kirchenvertraglichen Verpflichtung gegenüber den Kirchen nach, von der er sich nicht einfach lossagen kann (Art. 18 Abs. 1 Hess. Kirchenvertrag vom 10. Juni 1960 [GVBl. S. 54]). Ferner vermeidet der Arbeitgebereinzug Kirchensteuerzwangsbeitreibungsverfahren fast vollständig, die ja bei Abschaffung der Lohnpfändung die staatlichen Vollstreckungsorgane und damit auch wieder die Arbeitgeber belasten würden. In diesem Zusammenhang darf auch nicht außer acht bleiben, daß bei Wegfall des Arbeitgebereinzugsverfahrens wahrscheinlich ein kircheneigener Steuereinziehungsapparat aufgebaut werden müßte, der einen beträchtlichen Teil des Kirchensteueraufkommens verschlingen würde. Es ist ein Anliegen des Staates, daß außerstaatliche Massenorganisationen nicht unwirtschaftlich mit dem Geld des Volkes umgehen. Der großen Mehrheit der kirchensteuerpflichtigen Arbeitnehmer wird die Mühe der selbständigen Kirchensteuerabführung erspart und damit das Wirtschaften mit dem Lohn erleichtert. Nur so kann ihnen auch der Vorteil der Gegenwartsbesteuerung erhalten werden. Das Interesse des Arbeitnehmers ist in der Literatur als so schwerwiegend erachtet worden, daß es bereits als in Art. 2 GG gesichert angesehen worden ist. Danach wäre das Problem

---

[1] Dazu *Tröger*, Die verfassungsrechtliche Problematik des Kirchenlohnsteuerabzugsverfahrens, ZevKR 14 (1968/69), S. 101 (114 f.); *Burchardi*, Lohnkirchensteuerabzugsverfahren und Bekenntnisfreiheit, StuW 45 (1968), Sp. 131 (138).
[2] Dazu *Engelhardt*, Die Kirchensteuer in der Bundesrepublik Deutschland (1968), S. 200.

des Kirchenlohnsteuerabzugs zu einer Abwägungsfrage zwischen sich gegenüberstehenden Grundrechtspositionen geworden (Tröger, a.a.O., S. 114 ff.).

3. Die Verpflichtung des Arbeitgebers zum Kirchenlohnsteuerabzug ist auch im Einklang mit der verfassungsmäßigen Ordnung. — Das BVerfG hat in der Heranziehung von juristischen Personen und von nichtkirchenangehörigen Ehegatten zur Kirchensteuer eine gegen das im Grundgesetz geordnete Verhältnis von Staat und Kirche und von Staat und Einzelnem verstoßende und deshalb nicht in der verfassungsmäßigen Ordnung begründete Einschränkung des Freiheitsrechtes der Betroffenen gesehen (BVerfGE 19, 206 [226]). Das Gericht begründete seine Entscheidung damit, daß der neutrale Staat keiner Religionsgesellschaft Hoheitsrechte gegenüber Personen verleihen dürfe, die ihr nicht angehören, und daß er niemanden zur finanziellen Unterstützung von Religionsgesellschaften zwingen dürfe, denen der Betreffende nicht verbunden sei (BVerfGE 19, 216 [237]).

Diese Grundsätze verdienen Zustimmung[3].

Angewendet auf das Problem der Einschaltung des Arbeitgebers bei der Kirchenlohnsteuererhebung nötigen sie aber nicht, dies Verfahren für verfassungswidrig zu erklären.

Die Fälle sind nur insofern vergleichbar, als jeweils Personen, die der betreffenden Kirche nicht angehören, in Anspruch genommen werden. Dem stehen bedeutsame Unterschiede gegenüber.

a) Während bei der Kirchenbausteuer und der Ehegattenbesteuerung Zahlung eines Geldbetrages von dem Nichtmitglied verlangt wurde, geht es beim Kirchenlohnsteuerabzugsverfahren um eine Handlungspflicht. Handlungs-, Duldungs- und Unterlassungspflichten können dem Staatsbürger auch sonst unter anderen Voraussetzungen und u. U. in weiterem Maße auferlegt werden als Zahlungspflichten, außerhalb des Polizeirechts etwa im Interesse des Denkmal- und Landschaftsschutzes, der Statistik und der Ästhetik im Bauwesen. Sie sind Ausfluß der Pflicht zur Rücksichtnahme auf die gemeinschaftlichen Belange, ohne die kein Gemeinwesen bestehen kann. Die Gleichstellung von Zahlungs- und Handlungspflichten bei *Heinze*[4] erscheint als zu einfach.

---

[3] *A. v. Campenhausen*, Die Kirchensteuer vor dem Bundesverfassungsgericht, Luth. Monatshefte 5 (1966), S. 528 f. und 531 f.; *Grundmann*, Die Rechtsprechung des Bundesverfassungsgerichts in Kirchensteuersachen und das Staatskirchenrecht, JZ 1967, S. 193 ff.
[4] *Heinze*, Verfassungskonforme Gestaltung des Kirchensteuer-Inkassos, ZRP 1970, S. 34, und *Rasenack*, Zum Abzugsverfahren bei der Kirchenlohnsteuer, BB 1968, S. 539 (542).

b) In größerem Umfang als dem Privatmann können dem Arbeitgeber Handlungspflichten auferlegt werden. Als Teilnehmer und Nutznießer des Wirtschaftsprozesses ist er der Allgemeinheit in höherem Maße verpflichtet (BVerfGE 7, 403). Der Staat schränkt die Vertragsfreiheit nicht nur im Arbeitsrecht erheblich ein. Er bürdet dem Arbeitgeber auch fürsorgliche Aufgaben auf, die primär ihm, dem Staate, obliegen, so bei der Abführung der Sozialbeiträge, gewissen Pflichten in der Wohnungs- und Gesundheitsfürsorge, in der Sparförderung und der Anrechnung von Militärdienstzeiten auf die Zeit der Betriebszugehörigkeit bei Berechnung der betrieblichen Versorgungsleistungen. Die Einbehaltung und Abführung der Kirchenlohnsteuer ist rechtlich auch als eine solche Fürsorgeleistung des Arbeitgebers für den Arbeitnehmer zu qualifizieren. Der Arbeitnehmer wird der Mühe und Verantwortung einer selbständigen Kirchensteuerabführung enthoben. Der kirchliche Charakter dieser Abgabe kommt dabei gar nicht in den Blick. Es ist denkbar, daß der Staat den Arbeitgebern im Rahmen ihrer Fürsorgepflicht auch die Einbehaltung und Abführung anderer laufender Beiträge, die ein großer Teil der Arbeitnehmer zu erbringen hat, auferlegt.

In diesem Zusammenhang erweist es sich also als bedeutsam, daß Ausgangspunkt der Beurteilung nicht Art. 2 GG ist wie bei den früheren Kirchensteuerurteilen des BVerfG, sondern Art. 12 GG. Bei der im Rahmen des Gesetzesvorbehaltes vorzunehmenden Abwägung wiegt das Freiheitsrecht dessen, der als Gewerbetreibender an der Allgemeinheit verdient, der Allgemeinheit gegenüber weniger schwer als das des Privatmannes.

c) Ein weiterer wesentlicher Unterschied zur Rechtslage bei der Kirchenbausteuer und der Besteuerung des nichtkirchenangehörigen Ehegatten besteht darin, daß der Staat es ist, der dem Arbeitgeber die Pflicht zur Abführung der Kirchenlohnsteuer auferlegt.

Das Anstößige bei der Kirchenbausteuer hatte das BVerfG darin gesehen, daß einer Religionsgemeinschaft „Hoheitsbefugnisse gegenüber Personen" verliehen würden, „die ihr nicht angehören" (BVerfGE 19, 216). Beim Kirchenlohnsteuerabzugsverfahren übt die Kirche keinerlei Hoheitsbefugnisse gegenüber den Arbeitgebern aus. Während nämlich die Kirchensteuer selbst, also die Bestimmung der steuerpflichtigen Personen, die Bemessung der Steuer usw. Sache der Kirche ist, ist das Einzugsverfahren, soweit es nicht ausnahmsweise von der Kirche selbst durchgeführt wird, Sache des Staates. Es ist deshalb nicht die Kirche, die die Einschaltung des Arbeitgebers anordnet oder durchführt, sondern der Staat. Das verdeutlicht schon der historische Sachverhalt, daß Umstellungen im staatlichen Einkommensteuerwesen zur Einführung dieses Verfahrens führten (dazu Engelhardt, a.a.O., S. 196 f.). Zutreffend bezeichnet der BayVerfGH in seiner Entscheidung vom 17. Oktober 1967 (BayVerfGHE 20, 171 [179]) die Pflicht des Arbeitgebers zur Einbehaltung und Abführung der Kirchenlohnsteuer als eine „öffentlich-rechtliche Verpflichtung gegenüber dem Staat".

d) Hinzu kommt, daß Nutznießer des Abzugsverfahrens keineswegs nur die Kirche, sondern, wie schon gesagt, auch der Arbeitnehmer und vor allem der Staat selbst sind. Ob der Staat rein kirchliche Belange zu staatlichen erklären dürfte, um bei ihrer Pflege Dritte ohne Rücksicht auf ihre Kirchenzugehörigkeit einschalten zu können, mag dahingestellt bleiben. Hier liegt jedenfalls eine sogenannte gemeinsame oder gemischte Angelegenheit vor. Daß es trotz des Verbotes der Staatskirche (Art. 137 Abs. 1 WRV i. V. m. Art. 140 GG) gemeinsame Angelegenheiten von Staat und Kirche gibt, ist im deutschen Staatskirchenrecht unbestritten[5].

Für die gemeinsamen Angelegenheiten ist — bei vielen Unterschieden im einzelnen — charakteristisch, daß sie — mit dem Ausdruck des BVerfG (E 18, 385 [387]) — eine „Zweckbeziehung" sowohl zum Staate als auch zur Kirche haben. Die Trennung von Staat und Kirche ist in der Bundesrepublik nicht so durchgeführt, daß Angelegenheiten mit solcher doppelten Zweckbeziehung ausgeschlossen wären. Daß die Kirchensteuererhebung eine gemeinsame Angelegenheit ist, hat das BVerfG bereits ausgesprochen (BVerfGE 19, 217). Das Steueraufkommen, das Geld als solches, hat freilich seiner Natur nach nur eine Zweckbeziehung, nämlich zur Kirche. Anders das Erhebungsverfahren. Seine Zweckbeziehung zum Staate besteht in dem Steuercharakter, d. h. darin, daß hinter der Abgabepflicht die staatliche Autorität mit ihren Beitreibungszwangsmitteln steht, und bei der Kirchenlohnsteuer außerdem in der Tatsache, daß der Staat den Einzug übernommen hat.

Soweit bei den gemeinsamen Angelegenheiten die staatliche Zweckbeziehung reicht, stehen sie staatlichen Angelegenheiten gleich. Insoweit kann der Staat bei der Pflege dieser Angelegenheiten in demselben Maße Dritte ohne Rücksicht auf ihr Bekenntnis einschalten wie bei rein staatlichen Angelegenheiten. Die Tätigkeit des Staates im Bereich der Kulturpflege z. B. kommt häufig auch der Kirche zugute, etwa bei den theologischen Fakultäten, beim schulischen Religionsunterricht, beim Denkmalschutz und im Friedhofswesen. Dem Staat geht es hier um säkular begreifbare Zwecke, um die Pflege der Wissenschaft in ihrer geschichtlich gewordenen Ganzheit, um die Konfrontie-

---

[5] *Mikat*, Kirchen und Religionsgemeinschaften, in: Die Grundrechte IV/1 (1960), S. 111 (194); BVerfGE 19, 206 (217).

rung des Schülers mit der ganzen geschichtlichen Welt[6] und um den Denkmalswert der Kirchengebäude[7] und um den herkömmlichen, eben christlich geprägten Charakter des Friedhofs. Der Staat kann deshalb den atheistischen Schulleiter zum Einrichten von Religionsunterricht und den — nicht wirksam abgemeldeten — Schüler zum Besuch dieses Unterrichts anhalten, den Schloßeigentümer daran hindern, seiner Schloßkapelle durch Umgestaltung den gottesdienstlichen Charakter zu nehmen, und die Aufstellung eines Grabsteines, der die christlichen Bestattungsgebräuche grob verletzt, auf dem Friedhof untersagen. Ebenso kann der Staat, wenn es für das von ihm durchgeführte Kirchensteuereinzugsverfahren zweckmäßig ist, den Arbeitgeber dabei heranziehen. Es ist nicht einzusehen, warum auch bei diesen nur teilweise oder mittelbar kirchlichen Angelegenheiten der Staat Dritte nur im Rahmen des besonderen Gewaltverhältnisses sollte in Anspruch nehmen können (so entgegen Rasenack, a.a.O., S. 538 [543 f.]).

4. Aus dem Gesagten ergibt sich bereits, daß auch das Grundrecht der Glaubens- und Gewissensfreiheit des Arbeitgebers (Art. 4 GG) nicht verletzt ist. Aus diesem Grundrecht folgt zwar, daß der Staat niemanden zu einem Handeln oder Unterlassen nötigen darf, das nach der Verkehrsanschauung Ausdruck eines religiösen Bekenntnisses ist wie etwa auch das finanzielle Unterstützen einer Religionsgemeinschaft. Das Einbehalten und Abführen der Kirchenlohnsteuer ist dagegen eine Handlung, die keinen inneren Bezug zu Glaube und Bekenntnis hat. Es ist eine dem Arbeitgeber vom Staat in dessen Interesse und in engem Zusammenhang mit der rein staatlichen Lohnsteuerabführungspflicht auferlegte, rein technische Leistungspflicht.

---

[6] *A. v. Campenhausen*, Zum Verständnis des evangelischen Religionsunterrichts, ZevKR 13 (1967/68), S. 26.
[7] Dazu *M. Heckel*, Staat, Kirche, Kunst (1968).

Die Verfassungsmäßigkeit des Lohnabzugsverfahrens bei der Erhebung der Kirchensteuer

Von Theodor Maunz, München

I. Zulässigkeit der Erhebung von Kirchensteuern durch die Länder

1. Die Kirchensteuer in Deutschland in der Gestalt, wie sie sich seit der zweiten Hälfte des 19. Jahrhunderts entwickelt hat, beruht auf staatlichen Gesetzen. Bei Festlegung ihrer Art und Höhe wirken die Kirchen bestimmend mit. Die Gesetze statten sie auf Grund staatlicher Hoheitsgewalt mit der Wirkung aus, daß ihre Entrichtung eine öffentlich-rechtliche Pflicht im staatlichen Bereich ist.

Unberührt bleibt daneben die Beanspruchung eines eigenen Besteuerungsrechtes durch die Kirchen, das nicht auf staatliche Gesetze gegründet ist und dem nicht die staatliche Hilfe bei der Festsetzung und Einhebung der Steuer zur Seite steht[1].

Dieses originäre kirchliche Besteuerungsrecht spielt indessen im gegenwärtigen Streitkomplex keine Rolle und kann daher außer Betracht bleiben. In Frage steht hier nur die staatlich geregelte Kirchensteuer.

Nach der Rechtsprechung des Bundesverfassungsgerichts ist die staatlich geregelte Kirchensteuer in der gegenwärtigen deutschen Rechtsordnung eine gemeinsame Angelegenheit von Staat und Kirche[2].

Die Gemeinsamkeit kommt vor allem dadurch zum Ausdruck, daß Staat und Kirche sowohl beim Zustandekommen wie auch beim Vollzug der Kirchensteuergesetze zusammenwirken. Dabei treten die staatlichen Elemente dieser gemeinsamen Staat-Kirche-Angelegenheit stark hervor. Das zeigt sich u. a. darin, daß die Erhebung der Steuern durch Kirchen als ein staatlich verliehenes Recht angesehen wird.

---

[1] Vgl. für das katholische Kirchenrecht c. 1496 CIC.
[2] Vgl. BVerfGE 19, 217; dazu *Hesse*, JöR 1962, S. 54; *Hollerbach*, AöR 1967, S. 99; *Marré-Hoffacker*, Das Kirchensteuerrecht im Land Nordrhein-Westfalen, 1969, § 1 Anm. X.

Nach Auffassung des Bundesverfassungsgerichts[3] handelt es sich bei der Kirchensteuerfestsetzung und Kirchensteuererhebung um eine staatliche Angelegenheit, die von den Kirchen kraft staatlicher Delegation wahrgenommen wird: „Das Besteuerungsrecht ... ist eine hoheitliche Befugnis des Staates gegenüber den Bürgern, die dieser in dem gesetzlich bestimmten Umfang den Religionsgesellschaften verleiht."

Diese Verteilung der Gewichte entspricht der Interessenlage des Staates; denn im Hinblick auf das gegenwärtige Wirken der Kirchen im öffentlichen Raum und auf ihren Rechtscharakter als Körperschaften des öffentlichen Rechts ist es auch ein Anliegen des Staates, daß die notwendigen finanziellen Bedürfnisse der Kirchen in rechtsstaatlichen Formen gedeckt werden. Wäre es anders, dann hätte der Staat nicht die Kirchensteuer zum Gegenstand verfassungsrechtlicher, gesetzesrechtlicher und vertragsrechtlicher Regelungen gemacht.

Die Kirchensteuer als staatlich-kirchliche Gemeinschaftsaufgabe geht in zeitlicher Hinsicht auf eine Entwicklung von längerer Dauer, mindestens auf die Epoche der Weimarer Reichsverfassung, zurück. Damals wurde das Recht zur Kirchensteuererhebung als eine zwar schon vor der Geltung der Weimarer Reichsverfassung existente, auf staatlicher Rechtsgrundlage beruhende Befugnis der Kirchen angesehen; aber sie wurde durch Aufnahme in den Verfassungstext (Art. 137 Abs. 6 WeimRV) institutionalisiert und in den Rang von Verfassungsrecht erhoben.

Das Grundgesetz der Bundesrepublik Deutschland hat die Regelung der Weimarer Verfassung in das neue Verfassungsrecht inkorporiert (Art. 140 GG) und damit als einen heute geltenden Verfassungsbestandteil bestätigt und anerkannt. Durch die Inkorporierung brauchte das Kirchensteuerrecht nicht im unveränderten Bestand aus der Zeit der Weimarer Verfassung übernommen zu werden. Vielmehr ist eine Einfügung in das System des Grundgesetzes — sofern dieses sich im Staatskirchenrecht von der Weimarer Verfassung unterscheidet — denkbar, notwendig und sinnvoll.

2. Das Land Hessen ist nach der Aufgabenverteilung zwischen Bund und Ländern zur Regelung des Kirchensteuerrechts in der vorgenommenen Weise zuständig. Dies ergibt sich aus folgenden Überlegungen:

a) Wird davon ausgegangen, daß die Kirchensteuer als eine Steuer im Sinne des Art. 105 Abs. 2 GG aufzufassen sei, so ist sie ein Gegenstand der konkurrierenden Gesetzgebung von Bund und Ländern. Wenn das

---

[3] Vgl. BVerfGE 19, 206, 258.

Grundgesetz keinen eigenständigen Steuerbegriff entwickelt, was an sich möglich wäre, entspricht es anerkannten Auslegungsgrundsätzen, daß Art. 105 Abs. 2 GG den für das Steuerrecht sonst aufgestellten Steuerbegriff zugrunde legt[4].

Den im allgemeinen geltenden Steuerbegriff hat § 1 Abs. 1 AO präzisiert. Nach § 1 Abs. 1 AO sind Steuern einmalige oder laufende Geldleistungen, die nicht eine Gegenleistung für eine besondere Leistung darstellen und von einem öffentlichen Gemeinwesen zur Erzielung von Einkünften allen auferlegt werden, bei denen der Tatbestand zutrifft, an den das Gesetz die Leistungspflicht knüpft. Es ist durchaus legitim, einen außerhalb der Verfassung geprägten Begriff als einen vom Verfassunggeber vorgestellten und gewollten Begriff anzusehen und zu übernehmen, soweit nicht die Verfassung selbst einen eigenständigen Begriff entwickelt[5].

Die Auffassung, das Steuererfindungsrecht der Länder führe dazu, daß die in dieser Weise neu erfundenen Steuern in die ausschließliche Zuständigkeit der Länder fallen, beruht offensichtlich auf Rechtsirrtum[6].

Da die Kirchensteuer weder unter die ausschließliche Gesetzgebungszuständigkeit des Bundes (Art. 105 Abs. 1 GG) noch unter die ausschließliche Gesetzgebungszuständigkeit der Länder (Art. 105 Abs. 3 GG) fällt, ist sie nach der grundgesetzlichen Verteilung der Gesetzesmaterien Gegenstand der konkurrierenden Gesetzgebung; allerdings darf die nachstehend unter b) erwähnte Überlegung nicht unbeachtet bleiben. Die Worte „nach Maßgabe der landesrechtlichen Bestimmungen" in Art. 137 Abs. 6 WeimRV könnten die Kirchensteuern dagegen nicht zu Gegenständen der ausschließlichen Landeszuständigkeit machen, weil diese Worte nicht eine Zuständigkeitsverteilung vornehmen, sondern allenfalls eine Spezialregelung gegenüber Art. 105 GG enthalten.

Der Bund hat bisher kein Kirchensteuergesetz erlassen. Solange und soweit der Bund von seinem konkurrierenden Gesetzgebungsrecht keinen Gebrauch macht, haben die Länder die Befugnis zur Gesetzgebung (Art. 72 Abs. 2 GG).

Im Bereich der konkurrierenden Gesetzgebung verbietet das Grundgesetz nicht die Einführung sogenannter gleichartiger Steuern durch die Länder, sofern sie nicht durch den Gesetzgeber selbst ausgeschlossen

---

[4] Vgl. BVerfGE 3, 407; 7, 244.
[5] Vgl. *Leisner*, Von der Verfassungsmäßigkeit der Gesetze zur Gesetzmäßigkeit der Verfassung, 1964.
[6] So aber *Sälzer*, Aspekte verfassungsrechtlicher Problematik der Kircheneinkommensteuer, NJW 1970, S. 169, dem anscheinend die gegenwärtige Fassung des Art. 105 GG nicht vorlag.

werden. Nach der geltenden Fassung des Art. 105 GG ist die Frage der Gleichartigkeit der Steuern vom Grundgesetz her nur bei der ausschließlichen Gesetzgebungszuständigkeit des Landes für Verbrauch- und Aufwandsteuern bedeutsam; hier hat das Grundgesetz selbst die Erhebung gleichartiger Steuern durch das Land ausgeschlossen (Abs. 3). Im Bereich der konkurrierenden Gesetzgebung wird dagegen nicht mit dem Begriff der Gleichartigkeit gearbeitet, sondern mit der Verweisung auf Art. 72 GG, also nur mit dem Vorliegen oder Nichtvorliegen eines Bundesgesetzes über denselben Gegenstand. An die Stelle des Vergleichsmaßstabes „Gleichartigkeit" der Steuer tritt für die konkurrierende Gesetzgebung der Maßstab „Erlaß oder Nichterlaß" eines Gesetzes über die gleiche Steuer. Ist ein Bundesgesetz über dieselbe Steuer nicht erlassen worden, so bleibt der Raum für ein Landesgesetz offen. Die entscheidende Begründung für die Zuständigkeit des Landesgesetzgebers beruht daher darin, daß ein Bundeskirchensteuergesetz nicht vorliegt. Überdies würde es sich nicht um „Gleichartigkeit" der Kirchensteuer (etwa mit der Einkommensteuer oder mit einer sonstigen Steuer des Bundes) handeln. Gleichartigkeit liegt nicht dann vor, wenn Bund und Länder an einen bestimmten Lebensvorgang oder Tatbestand verschiedenartige Steuerpflichten anknüpfen, sondern wenn die gleiche Quelle bei den gleichen Personen in der gleichen Weise ausgeschöpft wird. Daher wird die Gewerbesteuer vom Gewerbeertrag nicht als gleichartig mit der Einkommensteuer aufgefaßt, sondern als eine selbständige, von der Einkommensteuer unterschiedene Steuer. Das Gewerbesteuersystem der Länder wird mit Recht nicht als verfassungswidrig angesehen. Bei der Kirchensteuer vom Einkommen handelt es sich mindestens um einen anderen Personenkreis als bei der Einkommensteuer. Jede bundesgesetzliche Regelung einer Steuer im konkurrierenden Bereich bedeutet zwar ein Verbot, dieselbe Steuer für dieselben Personen durch den Landesgesetzgeber einzuführen. Besteht aber keine bundesgesetzliche Regelung gerade für diese Steuer, so kann eine landesgesetzliche Steuer mit ihr nicht kollidieren. Sie ist vielmehr zulässig.

b) In Übereinstimmung mit dem Bundesfinanzhof[7] ist auch folgende Überlegung zu beachten: Art. 137 Abs. 6 WeimRV (in Verbindung mit Art. 140 GG) kann als eine Spezialvorschrift gegenüber Art. 105 GG aufgefaßt werden. Danach wäre für Kirchensteuern aller Art die Zuständigkeitsverteilung des Art. 105 GG nicht maßgeblich; es käme dann auch die Zuteilung zum Bereich der konkurrierenden Gesetzgebung nicht in Betracht. Vielmehr wären unter diesem Gesichtspunkt die Länder gemäß Art. 30, 70 GG zur Gesetzgebung allein zuständig. Nach

---

[7] Urteil vom 28. 2. 1969, BStBl 1969 II 419, NJW 69, 2031.

Art. 137 Abs. 6 WeimRV sind die Kirchen berechtigt, auf Grund der bürgerlichen Steuerlisten Kirchensteuern zu erheben. Einem etwaigen, aus anderen Bestimmungen des Grundgesetzes abzuleitenden Verbot gleichartiger Steuern wäre damit in diesem Fall von vornherein der Boden entzogen. Hier hätte das Grundgesetz selbst ausdrücklich dazu ermächtigt, unter Zugrundelegung der staatlichen Steuerlisten Steuern, wie sie diese Listen ausweisen, zu erheben. Wenn Kirchensteuern infolge einer angeblichen Gleichartigkeit und eines angeblichen Verbots der Erhebung gleichartiger Steuern nicht erhoben werden dürften, dann wäre auch die hier zugelassene Anknüpfung an die Steuerlisten der staatlichen Steuern illusorisch. Gerade dadurch, daß das Grundgesetz selbst zur Anknüpfung an die staatlichen Steuerlisten bei Erhebung von Kirchensteuern berechtigt, ermächtigt es gleichzeitig zur Erhebung dieser Steuern, seien sie nun gleichartig oder nicht gleichartig. Ein Verstoß des so gedeuteten Art. 137 Abs. 6 WeimRV gegen sonstige Prinzipien der grundgesetzlichen Ordnung liegt demnach nicht vor[8]. Dieser Gedankengang des Bundesfinanzhofes ist ungeachtet der unter a) dargestellten Auslegung sehr beachtenswert.

c) Bei der Ausgestaltung des Kirchensteuerrechts hat der Staat im Rahmen der Gesamtordnung gesetzgeberisches Ermessen. Vom staatlichen Recht her gesehen steht das im Grundgesetz gewährleistete Selbstbestimmungsrecht der Kirchen dem nicht entgegen; denn das Selbstbestimmungsrecht der Kirchen bezieht sich auf kirchliche Angelegenheiten, nicht auf gemeinsame Angelegenheiten von Staat und Kirche. Die Kirchensteuer ist eine gemeinsame Angelegenheit, nicht eine ausschließlich kirchliche Angelegenheit. Nirgends ist ein Gesichtspunkt ersichtlich, daß das Land Hessen sein gesetzgeberisches Ermessen überschritten oder mißbraucht habe. Von dieser Seite her können jedenfalls rechtliche Bedenken gegen den Bestand und gegen die Rechtswirksamkeit des hessischen Kirchensteuergesetzes nicht erhoben werden.

II. Kein Verstoß des Kirchensteuergesetzes gegen die Handlungsfreiheit

1. Gegner des Lohnabzugsverfahrens stützen ihre Zweifel an der Gültigkeit und Verbindlichkeit des hessischen Kirchensteuergesetzes in der Fassung vom 23. 11. 1968 (GVBl S. 291) in erster Linie auf Art. 2 Abs. 1 GG, und im Zusammenhang damit darauf, daß Rechtslehre und Rechtsprechung aus der Gewährleistung der individuellen Freiheit zur

---

[8] Vgl. BVerfGE 17, 306; 19, 220.

Gestaltung des rechtlichen Miteinander ein subjektives öffentliches Recht gegen den Staat entwickelt haben, nämlich das Grundrecht auf Handlungsfreiheit.

Daß Art. 2 Abs. 1 GG nach dem Willen und den Zielen der Verfassung nicht bloß eine objektive Verfassungsnorm darstellt, sondern ein unmittelbar geltendes, aktuelles Grundrecht enthalten soll, wird aus Art. 1 Abs. 3 GG abgeleitet, der allen Grundrechten des Grundgesetzes eine höchstmögliche Verwirklichung verleihen will. Aber auch die Formulierung des Art. 2 Abs. 1 GG selbst erweist das Gleiche; denn sie läßt erkennen, daß das Gewicht dieses Artikels auf Einräumung einer umfassenden Freiheitssphäre des einzelnen gelegt ist. Das darin enthaltene subjektive öffentliche Recht ist sogar als Hauptfreiheitsrecht der Verfassung bezeichnet worden[9].

Allerdings kann es nur angewandt werden, wenn nicht spezielle Freiheitsrechte auf Grund des gleichen Sachverhalts subjektive öffentliche Rechte gewähren. Wenn andere Grundrechte eingreifen, ist sein Rechtsgehalt von diesen verbraucht. Nur als Auffangrecht, wenn andere Grundrechte nicht einschlägig sind, zeigt es seinen eigenständigen umfassenden Freiheitsgehalt.

Das Bundesverfassungsgericht hat die weitreichende Ausstrahlungskraft des Art. 2 Abs. 1 GG und sein Verhältnis zu speziellen Grundrechten folgendermaßen beschrieben:

„Neben der allgemeinen Handlungsfreiheit, die Art. 2 Abs. 1 GG gewährleistet, hat das Grundgesetz die Freiheit menschlicher Betätigung für bestimmte Lebensbereiche, die nach den geschichtlichen Erfahrungen dem Zugriff der öffentlichen Gewalt besonders ausgesetzt sind, durch besondere Grundrechtsbestimmungen geschützt; bei ihnen hat die Verfassung durch abgestufte Gesetzesvorbehalte abgegrenzt, in welchem Umfang in den jeweiligen Grundrechtsbereich eingegriffen werden kann. Soweit nicht solche besonderen Lebensbereiche grundrechtlich geschützt sind, kann sich der einzelne bei Eingriffen der öffentlichen Gewalt in seine Freiheit auf Art. 2 Abs. 1 GG berufen."

Die Verletzung besonderer Grundrechte schließt demnach für ihren besonderen Bereich die Anwendung des Art. 2 GG aus[10].

---

[9] Vgl. *Dürig*, Grundrechte und Zivilrechtsprechung, Nawiasky-Festschrift, S. 157 ff.
[10] BVerfGE 6, 32; 10, 55; ähnlich die Entscheidung 19, 215, in der das Gericht eine Verletzung des Art. 2 Abs. 1 GG annimmt, „und zwar aus Gründen, die nicht in den Bereich der besonderen Grundrechte aus Art. 3 Abs. 1 und Art. 4 GG fallen".

Wer sich bei Prüfung der Verfassungsmäßigkeit der Kirchensteuer auf Art. 2 GG beruft, ist offensichtlich der Auffassung, daß andere Grundrechte für den gegebenen Sachverhalt nicht einschlägig sind. Sonst hätte er zuerst deren Rechtsgehalt ausschöpfen müssen. Er könnte nicht sagen oder denken: Wenn schon Art. 2 GG verletzt ist, dann braucht eine Verletzung anderer Grundrechte nicht mehr geprüft zu werden. Hätte er primär die Verletzung anderer Grundrechte angenommen, dann wäre seine Berufung auf Art. 2 GG nicht möglich. Wenn freilich das Bundesverfassungsgericht den Art. 2 GG nicht als verletzt ansehen würde, wäre es seinerseits nicht gehindert, die rechtliche Prüfung auf andere Grundrechte zu erstrecken.

2. Der allgemeinen Handlungsfreiheit als einem subjektiven öffentlichen Recht stehen spezielle Schranken und allgemeine Handlungspflichten gegenüber. Deren Auferlegung widerspricht dem Art. 2 GG nicht. Daher können z. B. Schulpflichten, Wehrpflichten, öffentliche Dienstleistungspflichten, Steuer- und Abgabenpflichten auf Grund staatlicher Gesetze mit der allgemeinen Handlungsfreiheit voll in Einklang stehen.

Das Bundesverfassungsgericht hat den Bestand von Schranken der Handlungsfreiheit durch folgende Überlegung klargestellt: „Der einzelne muß sich diejenigen Schranken seiner Handlungsfreiheit gefallen lassen, die der Gesetzgeber zur Pflege und Förderung des sozialen Zusammenlebens in den Grenzen des bei dem gegebenen Sachverhalt allgemein Zumutbaren zieht, vorausgesetzt, daß dabei die Eigenständigkeit der Person gewahrt bleibt[11]."

In der Rechtsprechung des Bundesverfassungsgerichts hat Art. 2 Abs. 1 GG den Charakter eines Grundrechts auf Gesetzmäßigkeit jedes staatlichen Eingriffs und auf Freiheit von allen ungesetzlichen Belastungen erhalten. Damit ist es in die Nähe von Art. 20 GG gerückt und gleichzeitig über diesen hinaus erstreckt, vor allem dadurch, daß der einzelne ein subjektives Recht auf ein bestimmtes staatliches Verhalten hat. Ein Eingriff auf Grund einer nichtgültigen Rechtsnorm verletzt dieses subjektive Recht. Der einzelne kann sich daher gegen Gesetze wenden, die nach Inhalt und Entstehung der Verfassung widersprechen. Das Grundrecht bindet auch den Gesetzgeber. Erläßt er Gesetze, die nicht gültig sind und den einzelnen belasten, dann verstößt er damit gegen Art. 2 GG[12].

Was der einzelne im Wege der Verfassungsbeschwerde rügen könnte, kann (und muß) der Richter durch Vorlage nach Art. 100 GG geltend

---

[11] BVerfGE 4, 16.
[12] BVerfGE 7, 111; 9, 3; 9, 83; 10, 89; 11, 105; 11, 192; 11, 234; 12, 296; 17, 306; 19, 206.

machen, wenn er der Auffassung ist, der einzelne werde durch eine ungültige Norm in seiner Handlungsfreiheit verletzt.

3. Die Behauptung einer Ungültigkeit des hessischen Kirchensteuergesetzes wird ferner darauf gestützt, daß das Gesetz nicht der „verfassungsmäßigen Ordnung" entspreche. Verfassungsmäßige Ordnung ist nach der Rechtsprechung des Bundesverfassungsgerichts „die Gesamtheit der Normen, die formell und materiell der Verfassung gemäß sind"[13].

Wer etwa § 9 Abs. 2 HKiStG nicht zur verfassungsmäßigen Ordnung in diesem Sinne rechnet, geht von der Behauptung aus, die Kirchensteuerpflicht sei keine staatsbürgerliche Pflicht und gehöre deshalb nicht zur verfassungsmäßigen Ordnung. Allerdings wäre es ein Mißverständnis, wenn zur verfassungsmäßigen Ordnung nur solche Rechtssätze gerechnet werden würden, die staatsbürgerliche Pflichten begründen. Ausgelöst wurde ein solcher angreifbarer Gedankengang des Gerichts möglicherweise dadurch, daß nach dem Sachverhalt der Entscheidung des BVerfG E 19, 206, 214 das Erzbischöfliche Ordinariat Freiburg in dem damaligen Rechtsstreit vorgetragen hat, die Kirchensteuerpflicht juristischer Personen sei eine staatsbürgerliche Pflicht im Sinn des Art. 136 Abs. 1 WeimRV. Auf dieses Vorbringen ist der Satz in der genannten Entscheidung des Bundesverfassungsgerichts gemünzt: „Die Kirchenbausteuerpflicht juristischer Personen kann auch nicht damit begründet werden, daß sie eine staatsbürgerliche Pflicht im Sinn des Art. 136 Abs. 1 WeimRV sei. Die Kirchensteuerpflicht ist keine staatsbürgerliche Pflicht im Sinne dieser Vorschrift", nämlich des Art. 136 Abs. 1 WeimRV. In der Tat ist es einleuchtend, daß aus Art. 136 Abs. 1 WeimRV, der von der mangelnden Bedingtheit oder Beschränkbarkeit staatsbürgerlicher Pflichten durch die Ausübung der Religionsfreiheit handelt, nicht gefolgert werden kann, ein Kirchensteuergesetz und insbesondere ein Kirchenbausteuergesetz stehe mit der Verfassung in jedem Fall im Einklang. Durch die Ablehnung einer solchen Folgerung wird aber keineswegs zum Ausdruck gebracht, daß nur staatsbürgerliche Pflichten zur verfassungsmäßigen Ordnung gehören. Wäre es so, dann könnten Fundamentalsätze und Leitgrundsätze der Verfassung, die für den einzelnen keine subjektiven Pflichten enthalten, z. B. der wesentliche Inhalt des Art. 20 GG, nicht Bestandteil der verfassungsmäßigen Ordnung sein.

Daß andererseits auch ein Kirchensteuergesetz unter bestimmten Voraussetzungen staatsbürgerliche Pflichten begründen kann, wird vom Bundesverfassungsgericht im gleichen Zusammenhang ausdrücklich her-

---

[13] BVerfGE 6, 32.

vorgehoben, nämlich mit den Worten: „Erst wenn und soweit der Staat nach seiner Verfassung bestimmte Personen zur Kirchensteuer heranziehen darf, kann die Kirchensteuerpflicht allenfalls auch als staatsbürgerliche Pflicht angesehen werden" (BVerfGE 19, 221). Offensichtlich bezog sich sowohl das Vorbringen des Erzbischöflichen Ordinariats Freiburg wie auch die Antwort des Bundesverfassungsgerichts lediglich auf die Kirchenbausteuerpflicht juristischer Personen. Wenn ein Kirchensteuergesetz gültig ist, kann es auch staatsbürgerliche Pflichten begründen. Dagegen wäre der umgekehrte Schluß ein Fehlschluß, wenn er so hieße: Da die Kirchensteuerpflicht keine staatsbürgerliche Pflicht sei, gehöre der einschlägige Rechtssatz nicht zur verfassungsmäßigen Ordnung und sei daher nicht gültig.

Das Bundesverfassungsgericht spricht in der mehrfach genannten Entscheidung nur von der Entrichtung der Kirchensteuer durch bestimmte Personen, nicht von der sonstigen Hilfe, die andere Personen als die Steuerschuldner bei der Einhebung der Kirchensteuer leisten. Nicht bloß die Arbeitgeber im Lohnabziehungsverfahren, auch sonstige Personen wirken als Helfer des Staates bei der Einhebung der Steuer mit, ohne die Steuer zu tragen. Eine besondere Stellung haben die Finanzbeamten als Organträger des Staates. Zwar handeln die Beamten auf Grund ihrer Beamtenpflicht, die sie gemäß den Beamtengesetzen übernommen haben. Dabei ist jedoch zu bedenken, daß eine Beamtenpflicht gar nicht bestehen dürfte und nicht bestehen könnte, wenn das maßgebende Beamtengesetz — etwa wegen Verstoßes gegen Art. 4 GG — nicht zur verfassungsmäßigen Ordnung gehören würde.

Gegen die Gültigkeit eines Beamtengesetzes bestehen aber keinesfalls deshalb Bedenken, weil es einem Beamten, der nicht der betreffenden Religionsgemeinschaft oder keiner Religionsgemeinschaft angehört, die Pflicht auferlegt, Kirchensteuern zugunsten einer Religionsgemeinschaft zu bearbeiten und an diese abzuführen. Auch der Arbeitgeber ist nicht Schuldner der Kirchensteuer, wenn er sie im Lohnabzugsverfahren einbehält, wie der Finanzbeamte nicht Schuldner der Steuer ist, die er bearbeitet. In seiner Eigenschaft als Arbeitgeber, der er freiwillig geworden ist, legt ihm der staatliche Gesetzgeber eine staatliche Pflicht auf, wie er dem Beamten, der ebenfalls freiwillig in das Beamtendienstverhältnis eingetreten ist, staatliche Pflichten in bezug auf Steuern auferlegt, die an Religionsgemeinschaften abzuführen sind, mit denen der Beamte nichts zu tun hat und haben will. Durch das Lohnabzugsverfahren wird der Arbeitgeber zu einer Art Organträger des Staates für staatliche Aufgaben auf Grund staatlicher Gesetze gemacht. Gerade wenn beachtet wird, daß dem Arbeitgeber nicht eine Steuerentrichtung zugemutet wird, deren Erträge einer Kirche zufließen, verliert das Argument einer fehlenden staatsbürgerlichen Pflicht vollends seine Überzeugungskraft. Zwar kann niemand zugemutet werden, Steuern an eine Kirche zu entrichten, der er nicht angehört. Aber es kann ihm zugemutet werden, öffentliche Dienstpflichten für den Staat zu erfüllen, die dieser benötigt und anfordert, um seinen rechtlichen Verpflichtungen nachkommen zu können. Öffentliche Pflichten der Bürger gegenüber dem Staat werden zu den staatsbürgerlichen Pflichten gerechnet und beeinträchtigen nicht die Eigenständigkeit der Person.

Mit der Behauptung: „Die Vorschrift des § 9 Abs. 2 HKiStG gehört nicht zur verfassungsmäßigen Ordnung" soll anscheinend die Verfassungswidrigkeit dieses Rechtssatzes begründet werden. Diese Behauptung stellt aber einen offensichtlichen Zirkelschluß dar, und zwar, weil dabei folgendermaßen argumentiert wird: Rechtssätze, die nicht zur verfassungsmäßigen Ordnung gehören, sind nicht gültig. § 9 Abs. 2 HKiStG gehört nicht zur verfassungsmäßigen Ordnung, da er keine staatsbürgerliche Pflicht begründet. Also ist er nicht gültig. Das Bundesverfassungsgericht hat dagegen eine völlig andere Gedankenreihe entwickelt, nämlich folgende: Wenn ein Rechtssatz materiell oder formell nicht verfassungsmäßig ist, gehört er nicht zur verfassungsmäßigen Ordnung im Sinn des Art. 2 GG. Dann könne er die Handlungsfreiheit nicht einschränken. Daher müsse jeweils zunächst geprüft werden, ob ein Rechtssatz verfassungswidrig sei. Aus der angeblich fehlenden Zugehörigkeit eines Rechtssatzes zur verfassungsmäßigen Ordnung ist also nicht zu folgern, daß er verfassungswidrig ist, sondern aus seiner etwaigen Verfassungswidrigkeit wäre zu folgern, daß er nicht zur verfassungsmäßigen Ordnung gehört und daher die Handlungsfreiheit nicht einschränken kann. Wenn die Handlungsfreiheit durch jedes gültige Gesetz eingeschränkt werden kann, dann kann nicht geltend gemacht werden, ein Gesetz sei nicht gültig, weil es die Handlungsfreiheit verletze. Der Beweis dafür, daß ein Rechtssatz gegen Art. 2 GG verstoße, kann, um es zugespitzt zu formulieren, nicht durch die Behauptung erbracht werden, daß er gegen Art. 2 GG verstoße. Entscheidend ist vielmehr die Frage, ob und wodurch § 9 Abs. 2 HKiStG in sonstiger Weise gegen das Grundgesetz verstoßen könnte. Die Maßstäbe für seine Verfassungsmäßigkeit oder Verfassungswidrigkeit sind dabei aus anderen Inhalten zu erholen, als auch dem Begriff der verfassungsmäßigen Ordnung nach Art. 2 GG. Ob solche Verstöße vorliegen, wird nachstehend untersucht.

III. Keine Verletzung des Verhältnisses von Staat und Kirche durch das Kirchensteuergesetz

1. Im Schrifttum ist die Behauptung aufgestellt worden, ein staatliches Gesetz, das einen Arbeitgeber zur Einhebung und Abführung von Kirchensteuern seiner Arbeitnehmer verpflichte, stelle eine Verletzung des verfassungsrechtlichen Verhältnisses von Staat und Kirche dar, wie dieses vom geltenden Recht gestaltet worden sei[14].

Der Ausgangspunkt dieser Überlegung ist wohl ein Satz in einer Entscheidungsbegründung des Bundesverfassungsgerichts[15], der folgendermaßen lautet: „Vielmehr müssen die auf Grund von Art. 137 Abs. 6 WeimRV erlassenen landesrechtlichen Normen auf dem Gebiet des Kirchensteuerrechts mit den übrigen Bestimmungen und Prinzipien der grundgesetzlichen Ordnung, vor allem mit dem verfassungsrechtlichen Verhältnis von Kirche und Staat, in Einklang stehen, um vor Art. 2 Abs. 1 GG Bestand haben zu können." Dieser Satz läßt — was zunächst bemerkenswert ist — keinerlei Zweifel darüber aufkommen, daß in erster Linie die Verfassungsmäßigkeit oder Verfassungswidrigkeit eines Gesetzes geprüft und festgestellt werden muß und sich erst daraus der Einklang oder Nichteinklang eines Gesetzes mit Art. 2 GG ergeben kann. Die Vereinbarkeit freilich oder den Widerspruch eines Gesetzes in bezug auf das verfassungsrechtliche Verhältnis von Kirche und Staat zu erkennen, ist vor allem deshalb nicht leicht, weil es sich dabei um einen weitreichenden Gesamtkomplex handelt, in dem manche Einzelfragen nicht unumstritten sind[16].

Den Widerspruch oder den Einklang eines Rechtssatzes mit einem Gesamtkomplex anderer Rechtssätze zu erkennen, ist an sich schon schwieriger als seinen Widerspruch oder seinen Einklang mit einem einzelnen anderen Rechtssatz festzustellen. Die über Art. 140 GG in das Grundgesetz inkorporierten Artikel der WeimRV müssen als eine staatskirchenrechtliche Einheit verstanden werden, erschöpfen aber den Gesamtkomplex noch nicht. In ihrer Einheit sind die seinerzeitigen Weimarer Verfassungsartikel vollgültiges Verfassungsrecht der Bundesrepublik

---

[14] Vgl. dazu u. a. *Rasenack*, Zum Abzugsverfahren bei der Kirchenlohnsteuer, in: Der Betriebsberater 1968, S. 539 ff.; *Heinze*, Plädoyer für ein zeit- und verfassungsmäßiges Kirchensteuersystem, ZRP 1969, S. 97 ff.; *Sälzer*, Aspekte verfassungsrechtlicher Problematik der Kircheneinkommensteuer, NJW 1970, S. 169.
[15] BVerfGE 19, 220; ähnlich 17, 306.
[16] Vgl. dazu u. a. *Scheuner*, Kirchensteuer und Verfassung, ZRP 1969, S. 195 ff.; *Mikat*, Grundfragen des Kirchensteuerrechtes ..., Peters-Gedächtnis-Schrift, S. 334 ff.; *Engelhardt*, Die Kirchensteuer in der Bundesrepublik, 1968, S. 213 ff.; *Tröger*, Die verfassungsrechtliche Problematik des Kirchenlohnsteuerabzugsverfahrens, ZevKR 1968, S. 101 ff.; *Seltmann*, in: BB 1968, S. 742 f.; *Burchardi*, in: Steuer und Wirtschaft 1968, S. 132 ff.

Deutschland geworden. Dem steht nicht entgegen, daß sie durch die weitere Entwicklung des Verfassungslebens, insbesondere auch durch sonstige Entscheidungen des Grundgesetzgebers, nicht mehr in jeder Richtung unverändert den gleichen Inhalt haben können wie vor fünfzig Jahren. Ungeachtet solcher Einflüsse sind sie auch in der gegenwärtig geltenden Weise als eine durch Auslegung nicht trennbare Einheit aufzufassen. Nicht zulässig wäre es aber, eine einzelne Bestimmung, die für sich gesehen wie eine Distanzierung des Staates von der Kirche klingt, als die allein maßgebliche Regelung aufzufassen und darüber andere zu übersehen, die auf eine Zuordnung oder Zusammenarbeit hinweisen.

Auch sonst muß nach Auffassung des Bundesverfassungsgerichts die Auslegung jeder Verfassungsnorm im Einklang mit der Gesamtheit aller Grundgesetzbestimmungen stehen, insbesondere mit Grundentscheidungen der Verfassung. Kein Satz des Grundgesetzes geht danach primären Sätzen dieses Grundgesetzes vor. Das Grundgesetz hat sich im allgemeinen nicht für die an sich denkmögliche Differenzierung zwischen starken und schwachen Normen innerhalb der gleichen Verfassung entschieden. Vielmehr ist „vornehmstes Interpretationsprinzip" „die Einheit der Verfassung als eines logisch-teleologischen Sinngebildes, weil das Wesen der Verfassung darin besteht, eine einheitliche Ordnung des politischen und gesellschaftlichen Lebens der staatlichen Gemeinschaft zu sein"[17].

Alle mit dem staatskirchenrechtlichen Fragenkreis zusammenhängenden Rechtssätze müssen danach nebeneinander betrachtet und beachtet werden[18].

Falls einzelne Sätze einander widersprechende Aussagen zu enthalten scheinen, muß unter Abwägung der in Mitleidenschaft gezogenen Rechtsgüter nach den für Güterabwägungen anerkannten Gesichtspunkten und nach dem Grundsatz der Verhältnismäßigkeit eine harmonische Lösung versucht werden.

Wichtige Bestandteile der Gesamtkonzeption des als Verfassungsrecht geltenden Staat-Kirche-Verhältnisses nach geltendem Verfassungsrecht sind folgende:

Die Freiheit des religiösen und weltanschaulichen Glaubens und Bekenntnisses sowie die religiöse Schweigepflicht werden gewährleistet. Ungestörte Religionsausübung wird zugesichert. Gewissensentscheidungen sind gesichert gegen staatlichen Zwang. Der Bestand einer Staatskirche wird ausgeschlossen. Die Vereinigung zu Religionsgemeinschaften und dieser untereinander ist frei. Diesen Vereinigun-

---

[17] BVerfGE 19, 220.
[18] BVerfGE 17, 306.

gen werden Selbstbestimmung und Selbstverwaltung gewährleistet. Religionsgemeinschaften und Weltanschauungsvereinigungen wird beim Vorliegen gesetzlich festgelegter Voraussetzungen der Status öffentlich-rechtlicher Körperschaften verliehen oder aufrechterhalten. Staatliche Angelegenheiten werden vom Staat, kirchliche Angelegenheiten von den Kirchen, gemeinsame und „gemischte" Angelegenheiten werden von Staat und Kirche im gegenseitigen Einvernehmen geregelt. In bezug auf den Abschluß von Verträgen zwischen Staat und Kirche wird von der rechtlichen Grundlage der Gleichordnung ausgegangen. Der Staat ist ein religiös neutraler Staat. Durch Verträge kann er aber Pflichten gegenüber dem kirchlichen Vertragspartner übernehmen und besondere Rechte erwerben.

Es ist nicht leicht zu erkennen, gegen welche Teile dieses Gesamtkomplexes ein Kirchensteuergesetz verstoßen könnte, das das Lohnabzugsverfahren vorschreibt. Aus der geregelten Einheit schälen sich vor allem zwei Gesichtspunkte heraus, die als näher in Frage kommende Schranken geprüft werden müssen: der Ausschluß der Staatskirche und die religiöse Neutralität des Staates; beide Gesichtspunkte hängen eng zusammen.

2. Der Ausschluß einer Staatskirche (Art. 137 Abs. 1 WeimRV) bedeutet in erster Linie die gegenseitige organisatorische Unabhängigkeit von Staat und Kirche und das Verbot sachwidriger Differenzierungen zugunsten oder zuungunsten einer Religionsgemeinschaft. Neben der Scheidung der beiderseitigen Räume kommt gleichzeitig aber auch ihre gegenseitige Zuordnung und der auf Ausgleich der beiderseitigen Anliegen gerichtete Wille des Grundgesetzes zum Ausdruck, z. B. in der verfassungsrechtlichen Bestätigung der öffentlichen Korporationsrechte der Kirchen, wodurch diesen ein im öffentlichen Recht anerkanntes Feld freier Wirksamkeit eröffnet wird, und in der Anerkennung ihrer Eigenständigkeit[19].

Das Wirken der Kirchen wird im Grundgesetz als öffentliches Wirken, als eine vom Staat her gesehen auf die Gesellschaft als Ganzes bezogene Tätigkeit angesehen und geachtet[20].

Wenn der Staat daraus die Folgerung zieht, durch staatliche Rechtssätze den Kirchen gewisse materielle Voraussetzungen für ihre Arbeit zu sichern, so handelt er nicht im partikularen Interesse der Kirchen, sondern in einem vom Staat als staatlich angesehenen Interesse.

---

[19] *Scheuner*, Kirche und Staat in der neueren deutschen Entwicklung, ZevKR 1959/60, S. 255 ff., abgedruckt auch in *Quaritsch* und *Weber*, Staat und Kirchen in der Bundesrepublik, 1967, S. 156 ff.; *Link*, Verfassungsrechtliche Fragen zur Aufhebung der „Staatskirche", BayVBl. 1966, S. 297 ff.
[20] *Hesse*, Freie Kirche im demokratischen Gemeinwesen, ZevKR 1964/65, S. 337 ff.; ders. in JöR 1961, S. 25.

Sein Interesse hat den Staat zur Übernahme verschiedener verfassungsrechtlicher und vertragsmäßiger Bindungen des Staates gegenüber den Kirchen veranlaßt. Die darin sichtbar gewordene Haltung des Staates ist als eine zum Gesamtkomplex des Staat-Kirche-Verhältnisses gehörende Entscheidung zu werten. Sie kann nicht dem Ausschluß der Staatskirche widersprechen, zumal dieser nur eingebettet in den Gesamtkomplex verstanden werden kann.

3. Dieses staatliche Handeln steht auch der religiösen Neutralität des Staates nicht entgegen. Unter religiöser „Neutralität" — einem Begriff, der im Grundgesetz selbst nicht erscheint, aber als Folgerung aus dem Gesamtbild des Staat-Kirche-Verhältnisses zu gewinnen ist — wird man verstehen können, daß sich der Staat nicht religiös mit einer bestimmten Kirche oder Religionsgemeinschaft oder einigen Kirchen (Religionsgemeinschaften) verbindet und ihnen nicht Vorrechte gegenüber anderen oder Hoheitsrechte gegenüber Bürgern einräumt. Das Bundesverfassungsgericht hat den Grundsatz der religiösen Neutralität anerkannt und folgendermaßen gekennzeichnet: „Das Grundgesetz legt dem Staat als Heimstätte aller Staatsbürger ohne Ansehen der Person weltanschaulich-religiöse Neutralität auf. Es verwehrt die Einführung staatskirchlicher Rechtsformen und untersagt auch die Privilegierung bestimmter Bekenntnisse (vgl. auch BVerfGE 12, 1 [4]; 18, 385 [386]; BVerfG. NJW 1965, 1427 ff.)" Bei diesem Verständnis der religiösen Neutralität ist es unverkennbar, daß sie sich mit dem Nichtbestand einer Staatskirche nahe berührt, ohne damit voll identisch zu sein.

Durch den Grundsatz der religiösen Neutralität ist der Staat anerkanntermaßen nicht zur Indifferenz gegenüber religiösen Gegebenheiten und Entwicklungen verpflichtet. Er ist auch nicht gehindert, kirchlichen Rechtsträgern für Zwecke, die auch dem Staat förderungswürdig erscheinen, finanzielle Zuwendungen zu gewähren. Zwar darf er Kirchen und Religionsgemeinschaften nicht aus konfessionellen Gründen bevorrechten oder benachteiligen. Aber er darf an religiösen Vorgängen Interesse nehmen, und er darf, wenn es auch um Anliegen des Staates geht, in freundschaftlicher Weise mit kirchlichen Rechtsträgern zusammenwirken, wobei er den Gleichheitssatz zu beachten hat. Er darf auch mit Kirchen und Religionsgemeinschaften Verträge abschließen, in denen im Rahmen der geltenden Rechtsordnung Tätigkeitsbereiche abgegrenzt, Rechte begründet und Pflichten übernommen werden. Schließlich darf er auch im Einklang mit der Verfassung staatskirchenrechtliche Gesetze zur näheren Regelung des Staat-Kirche-Verhältnisses erlassen. Der Grundsatz der religiösen Neutralität des Staates legt dem Staat nicht schlechthin die Pflicht auf, alle irgendwie mit Kirchen oder Religionsgemeinschaften zusammenhängenden Tätigkeiten zu unterlassen und alle darauf bezüglichen Einrichtungen aus seiner Organisation auszuschalten. Das Ergebnis einer Auffassung, die derartiges vom Staat verlangen würde, wäre die Anerkennung und Festlegung eines Vorrangs aller Bestrebungen, die gegen religiöse Vorstellungen und Haltungen eingestellt sind. Ein solcher Vorrang würde dem Grundsatz der religiösen Neutralität sogar direkt widersprechen. Nach dem Grundsatz der religiösen Neutralität darf vom Staat weder der einen noch der anderen Richtung eine Vorrangstellung eingeräumt werden. Ein Vorrang der einen auf Kosten der anderen wäre das Verlassen der Neutralität. Das läßt erkennen: Eine isolierte Betrachtung des Neutralitätsgebots nur von der einen Seite her führt nicht zu der von der Verfassung gewollten gleichheitlichen Behandlung aller. Der Staat darf und muß aber allen Richtungen gegenüber Gleichbehandlung eintreten lassen. Soweit das faktisch nicht durchführbar ist, weil sich die angestrebten Ziele widersprechen, muß der Staat als Wahrer der religiösen Neutralität einen Ausgleich suchen und verwirklichen, der allen Richtungen möglichst viel Freiheit für ihre Bestrebungen und für die Aufgaben und Betätigungen der Kirchen selbst läßt und den einzelnen ebenso wie den Kirchen möglichst wenig Einschränkungen dieser Freiheiten auferlegt.

Auch bei sorgfältiger Beachtung der religiösen Neutralitätspflicht des Staates und ihrer Schranken kann ein vom staatlichen Gesetzgeber ergehender Auftrag an Arbeitgeber, Steuerbeträge ihrer zur Kirchenlohnsteuer verpflichteten Arbeitnehmer einzubehalten und abzuführen, nicht als eine Verletzung der religiösen Neutralität des Staates oder der Gleichbehandlung aller in religiösen Angelegenheiten erkannt werden. Der Arbeitgeber wird dadurch nicht der Hoheitsgewalt einer Kirche gegenüber unterworfen, die er ablehnt; er bleibt vielmehr lediglich dem Staat gegenüber verpflichtet und nur im Verhältnis zu diesem Helfer für Aufgaben, die der Staat als seine Aufgaben ansieht und ansehen darf. Etwaige arbeitsmäßige Belastungen und in deren Folge finanzielle Aufwendungen erbringt er nicht der Kirche, sondern dem Staat. Er entlastet damit den Staat, der andernfalls solche Aufwendungen in sonstiger Weise verteilen oder auf seine eigenen Organe übernehmen müßte. Der Arbeitgeber selbst kann nicht Steuerschuldner der Kirchensteuer werden. Um seine Steuerleistungen geht es nicht. Dem Staat aber zu helfen und helfen zu müssen, staatliche Aufgaben zu erfüllen, kann nicht ein Verstoß gegen die religiöse Neutralität des Staates bedeuten. Selbst die Haftung der Arbeitgeber für die Einbehaltung und Abführung der Kirchensteuer beruht nicht auf einer Unterordnung unter eine Kirche, sondern entspringt daraus, daß der Arbeitgeber gegenüber dem Staat wegen der Nichterfüllung einer ihn treffenden staatlichen Pflicht in Anspruch genommen wird. Der Arbeitgeber steht hier nicht für eine fremde Schuld ein, sondern er erfüllt eine öffentliche Pflicht durch Mitwirkung an steuerlichen Staatsaufgaben. Dadurch wird er Hilfsorgan der staatlichen Finanzverwaltung. Er hat die Folgen zu tragen, wenn er staatliche Pflichten nicht erfüllt oder nicht ordnungsgemäß erfüllt[21].

Durch die Inpflichtnahme als Hilfsorgan der staatlichen Finanzverwaltung und die daraus entspringende Haftung werden den Kirchen keine Hoheitsrechte gegenüber Personen verliehen, die ihnen nicht angehören. Wenn sich der Staat mit Kirchensteuern als staatlicher Aufgabe befassen darf — und er darf dies, wie sich aus Art. 137 Abs. 6 WeimRV in Verbindung mit Art. 140 GG ergibt —, dann muß er auch den einzelnen zur Hilfeleistung dazu heranziehen dürfen. Ein solches Vorgehen greift nicht in den Bereich der religiösen Neutralität des Staates ein.

3. Es verletzt auch nicht das religiöse Schweigerecht, wenn der Staat nach der Bekenntniszugehörigkeit fragt und die Ergebnisse der Befragung verwertet. Gegen die Eintragung der rechtlichen Bekenntniszugehörigkeit eines Steuerpflichtigen auf seiner Steuerkarte können aus Art. 136 Abs. 3 WeimRV in Verbindung mit Art. 140 GG keine Hinderungsgründe abgeleitet werden. Beim Recht zur Freiheit des Schweigens nach Art. 136 Abs. 3 WeimRV ist vor allem folgendes zu unterscheiden: auf der einen Seite die subjektive religiöse Überzeugung des einzelnen, nach der zu forschen dem Staat schlechthin untersagt ist (Abs. 3 Satz 1); auf der anderen Seite die objektive rechtliche Zugehörigkeit (Mitgliedschaft) des einzelnen zu einer Religionsgemeinschaft; nach dieser zu fragen ist dem Staat gestattet, soweit davon Rechte oder Pflichten abhängen (Abs. 3 Satz 2). Die Erforschung der objektiven rechtlichen Bekenntniszugehörigkeit darf zwar keinesfalls Selbstzweck sein, wohl aber Mittel zum Zweck der Feststellung und Verwirklichung von Rechten und Pflichten des einzelnen, die vom Staat anerkannt sind und die seines Schutzes teilhaftig geworden sind, insbesondere der Kirchensteuerpflichten[22].

An dieser schon unter der Weimarer Verfassung übereinstimmend gebilligten und bei der Beratung des Art. 136 WeimRV im Plenum der Nationalversammlung allseits als zutreffend bezeichneten Rechtsauffassung[23] hat sich auch durch die Aufnahme des Art. 136 in das Grundgesetz (Art. 140 GG) nichts geändert. Eine Einfügung dieser Rechtsnorm aus der Weimarer Verfassung ohne Änderung ihres Inhalts ist denkbar und sinnvoll. Diese Rechtsnorm bildet die Rechtsgrundlage für die vom Bundesfinanzministerium jeweils herausgegebenen Erlasse über die Ausgestaltung der Lohnsteuerkarte; denn wenn der Staat (die

---

[21] Vgl. BVerfGE 19, 226; *Marré-Hoffacker*, a.a.O., § 5 Anm. IV.
[22] *Anschütz*, Die Verfassung des Deutschen Reiches, Art. 136, Anm. 3.
[23] Vgl. Stenographische Berichte über die Verhandlungen der verfassunggebenden Nationalversammlung, amtliche Ausgabe, S. 1644 B.

Behörden) sogar durch die Verfassung ermächtigt wird, nach der „Zugehörigkeit zu einer Religionsgesellschaft zu fragen", dann kann er von diesem Recht auch in der Weise Gebrauch machen, daß er bei der Erhebung zum Zweck der Ausgestaltung der Lohnsteuerkarten den einzelnen hiernach befragt und das Ergebnis der Befragung in die Lohnsteuerkarte einträgt. Es wäre sinnwidrig, zu argumentieren, der Staat sei zwar zur Befragung nach der Zugehörigkeit durch Verfassungsnorm ausdrücklich ermächtigt; er dürfe aber von den Antworten keinen Gebrauch machen. Die Bund-Länder-Zuständigkeit spielt in diesem Zusammenhang keine Rolle; auf jeden Fall wären mindestens die verfassungsrechtlichen Vorschriften über die Amtshilfe (Art. 35 GG) einschlägig, wenn man nicht ohnehin davon ausgeht, daß in der Finanzverwaltung Kooperation von Bundes- und Landesbehörden schon infolge der Art der Organisation besteht.

IV. Keine Verletzung der Religionsfreiheit oder der Gewissensfreiheit durch das Kirchensteuergesetz

Wenn auch durch die Bezugnahme auf Art. 2 GG von Gegnern des Lohnabzugsverfahrens deutlich gemacht worden ist, daß sie spezielle Grundrechte nicht als hier einschlägig ansehen, so muß doch dem Art. 4 GG Aufmerksamkeit zugewandt werden; denn wenn ein Verstoß des HKiStG gegen Art. 2 GG nicht als gegeben angesehen wird, tritt die Frage auf, ob andere Grundrechte verletzt sein können. Überdies hängt auch Art. 4 GG mit dem als Gesamtkonzeption und Gesamtregelung anzusehenden Staat-Kirche-Verhältnis eng zusammen.

1. Art. 4 enthält sowohl die Gewährleistung der Religionsfreiheit (Glaubens- und Bekenntnisfreiheit) wie auch die der Gewissensfreiheit. Die Gewissensfreiheit, eine der ursprünglichsten aller Grundrechtsgewährungen, besteht in der Freiheit einer Erkenntnis und Einsicht in die Gebotenheit, Erlaubtheit oder Unerlaubtheit eines Tuns oder Unterlassens, die in der Gesamthaltung des Menschen beruht[24].

Sie ist die Freiheit, ohne physischen, psychischen oder sonstigen Zwang zu handeln. Jeder „obrigkeitliche" Druck, die Gebote des Gewissens zu verleugnen, ist unzulässig[25].

Eine Beeinträchtigung der Gewissensfreiheit wird man erst dann als eingetreten annehmen können, wenn ein Konfliktfall eintritt, der die

---

[24] Vgl. BVerfGE 12, 54; BVerwGE 7, 246; 12, 271; *Scheuner*, DÖV 1961, S. 201.
[25] Vgl. *Giese*, Kommentar zur WeimRV Art. 135; *v. Mangoldt-Klein*, Kommentar zum Grundgesetz, S. 229; *Grundmann*, Gewissen, Gewissensfreiheit, Ev. Staatslexikon, 1966, Sp. 681.

Persönlichkeit als solche, ihre sittliche Existenz oder Identität bedroht. Daß ein Lohnsteuerabzugsverfahren zu einer echten Gewissensentscheidung drängen könnte, ist schwerlich denkbar.

2. Dies schließt aber nicht aus, daß durch ein Kirchensteuergesetz die Religionsfreiheit berührt sein kann, deren Verletzung manchen anderen Voraussetzungen unterliegt als der Eingriff in die Gewissensfreiheit. Die positive Religionsfreiheit enthält den Anspruch des Bürgers gegen den Staat, gemäß seiner religiösen Überzeugung denken, handeln und leben zu dürfen. Die negative Religionsfreiheit ist ein Abwehrrecht gegen staatliche Eingriffe in die religiöse Überzeugung. Beide Seiten der Religionsfreiheit müssen im Zusammenhang zueinander gesehen und bewertet werden. Keine von beiden kann schrankenlos sein. Eine schrankenlose Freiheit beeinträchtigt die Freiheit anderer und hebt damit die Freiheit selbst aus den Angeln. Die negative Religionsfreiheit kann sich in ihren Auswirkungen auch gegen die positive Religionsfreiheit richten und umgekehrt. Zwischen der positiven und negativen Religionsfreiheit muß vor allem dann, wenn sich die Auswirkungen gegeneinander richten und sich gegenseitig zu beeinträchtigen drohen, ein Ausgleich gefunden werden. Das Suchen nach dem Ausgleich steht unter dem Toleranzgebot. Sowohl die einen wie die anderen müssen gewisse, sie allenfalls in ihrer religiösen Einstellung berührende, aber nicht entscheidend beschränkende staatliche Maßnahmen hinnehmen, wenn nur auf diese Weise wichtige Anliegen der Gesamtheit verwirklicht werden können. Dies gilt sowohl von den Schranken, die sich die Ausübung der positiven Religionsfreiheit gefallen lassen muß, wie auch von den Betätigungen des Abwehrrechts, das ebenfalls nicht absolut sein kann und nicht unter allen Umständen bis ins letzte realisiert werden kann.

Eine Auslegung der Religionsfreiheit, wonach einem Arbeitgeber nicht zugemutet werden kann, ein staatliches Steuergesetz zu vollziehen, wenn die von den Arbeitnehmern einzubehaltenden Beträge einer Kirche zufließen, der er nicht angehört oder deren Wirken er ablehnt, beruht im Regelfall auf einer Überbewertung der negativen Religionsfreiheit im Verhältnis zu der auch der Kirche selbst, nicht bloß den Kirchenangehörigen zustehenden positiven Religionsfreiheit als einer Betätigung der religiösen Überzeugung und Aufgabe.

So verstanden wäre die negative Religionsfreiheit ein Recht des einzelnen gegen den Staat, von jeder Rücksichtnahme auf Andersdenkende Abstand nehmen zu dürfen. Das Abwehrrecht, das unbestritten in der Religionsfreiheit enthalten ist, darf nicht so überwuchern, daß das Ausübungsrecht in wesentlicher Weise zurückgedrängt wird. Es muß unter Abwägung der beiderseitigen Anliegen und der Schwere der Eingriffe maßvoll ausgeübt werden. Dabei muß sowohl das Recht der Kirchen in die Abwägung einbezogen werden, ihren Aufgaben gemäß im Rahmen der staatlichen Rechtsordnung zu handeln, wie auch das Recht aller Bürger, ihrer Überzeugung gemäß tätig zu sein. Das Abwehrrecht muß mit dem Blick auf seine Auswirkungen gegenüber anders eingestellten Personen gesehen werden; denn das Grundgesetz verlangt den Schutz aller Gruppen[26].

In bestimmten Situationen wird zwar jede Gruppe geltend machen, eine Tätigkeit bzw. der Ausschluß einer Tätigkeit sei für sie wesentlich. In solchen Fällen kann nur der Staat als Schlichter in gegensätzlichen Positionen — und innerhalb der Staatsorgane bei rechtlichen Streitigkeiten letztlich das höchste Gericht — einen auf Toleranz gegründeten Weg aufzeigen und verbindlich machen. Dabei wird er sich von der Erwägung leiten lassen dürfen, daß das bloße Verwalten und Weiterreichen von Geldbeträgen, die von anderen Personen stammen, den religiösen Bereich weniger tief berührt, als ihn etwa z. B. die Teilnahme an religiösen Veranstaltungen berühren würde. Während eine Teilnahme an religiösen Veranstaltungen keinesfalls als staatliche Pflicht auferlegt werden kann, ist das bloße Verwalten und Weiterreichen von Geldbeträgen als Pflicht gegenüber dem Staat zuzumuten, ohne Rücksicht darauf, wie der Staat die Geldbeträge verwendet. Dabei darf daran erinnert werden, daß es dem Staat nicht bestritten wird — die ständige Haushaltspraxis des Bundes und der Länder bestätigt es —, daß Erträge staatlicher Steuern ohne Rücksicht darauf, aus wessen Steuerleistungen sie stammen, als Zuschüsse für mannigfache kirchliche Zwecke (Bauten, Kunstdenkmäler, soziale Einrichtungen, Unterrichtsanstalten u. a.) teils als gesetzliche oder vertragliche Pflicht (vgl. Art. 138 WeimRV), teils als freiwillige Leistung gewährt werden, ohne daß ein Steuerschuldner diese mittelbare Hilfeleistung des Staates an Kirchen oder Religionsgemeinschaften ablehnen oder die Zahlung eines auf ihn treffenden Steueranteils verweigern dürfte. Hier werden nicht nur Geldbeträge anderer Personen, sondern sogar eigene Geldbeträge von Steuerschuldnern, die möglicherweise mit dieser Verwendung nicht einverstanden sind, den Kirchen oder Religionsgemeinschaften zugewendet. Der Staat mutet dies den Steuerschuldnern zu und er kann es auch, ohne die Religionsfreiheit zu verletzen, da dies nur Randgebiete, nicht den Kern der Religionsfreiheit berührt und dem Ausgleich zwischen verschiedenartigen Anliegen und Zielen dient, die alle dem Staat als wichtig erscheinen. Der Steuerschuldner wird hier die Verwendung der von ihm eingezahlten Beträge nicht als einen Zwang zu einem religiösen Bekenntnis oder einer religiösen Betätigung

---

[26] Vgl. *Hollerbach*, Die Kirchen unter dem Grundgesetz, VVDStRL, 1968, S. 97.

auffassen können. Die sogenannte negative Finanzierungsfreiheit des einzelnen[27] wird damit nicht in Zweifel gezogen. Sie betrifft indessen die Befugnis, nicht durch direkte eigene finanzielle Leistungen religiöse Zwecke fördern zu müssen, die der einzelne ablehnt. In diesem Umfang ist sie vom Bundesverfassungsgericht anerkannt worden[28].

Was dem Arbeitgeber als Steuereinheber im Lohnabzugsverfahren an Pflichten auferlegt wird, ist nicht nur ein aliud gegenüber dem, was von der negativen Finanzierungsfreiheit erfaßt wird. Es ist auch zu beachten, daß Art. 4 GG in seinen Randgebieten, wenn das Lohnabzugsverfahren durch kirchenfremde Arbeitgeber dazu gerechnet werden sollte, durch andere Verfassungsinhalte begrenzt wird, mit denen zusammen er als eine verfassungsrechtliche Einheit aufzufassen ist. Insbesondere muß auch Art. 4 GG im Lichte der durch Art. 140 GG inkorporierten Artikel der Weimarer Verfassung gesehen werden[29].

V. Kein Verstoß des Kirchensteuergesetzes gegen die Berufsfreiheit

Durch das Hessische Kirchensteuergesetz ist die Berechnung, Einbehaltung und Abführung der Kirchensteuer der Arbeitnehmer zu einer Pflicht der Arbeitgeber gegenüber dem Staat gemacht. Das Grundgesetz (Art. 12) hat die Berufsfreiheit zugesichert und gleichzeitig die Berufsausübung unter einen gesetzlichen Regelungsvorbehalt gestellt. Gewährleistet ist jeder Person der Zugang zu einer die Lebensgrundlage bildenden Beschäftigung als Beruf[30].

Der Regelungsvorbehalt in Art. 12 Abs. 1 Satz 2 erstreckt sich nach der Rechtsprechung des Bundesverfassungsgerichts sowohl auf den Berufszugang als auch auf die Berufsausübung, aber auf beide Tätigkeiten nicht in gleicher Intensität. Die Regelungsbefugnis ist dem Gesetzgeber um der Berufsausübung willen verliehen und darf unter diesem Gesichtspunkt auch in die Freiheit des Berufs schlechthin eingreifen. Inhaltlich ist sie um so freier, je mehr sie reine Ausübungsregelung ist, aber um so enger begrenzt, je mehr sie auch die Wahl und den Zugang zum Beruf betrifft. Die Freiheit der Berufsausübung kann beschränkt werden, soweit vernünftige Erwägungen des Gemeinwohles dies zweckmäßig erscheinen lassen. Der Grundrechtsschutz bezieht sich

---

[27] Vgl. *v. Mangoldt-Klein*, Das Bonner Grundgesetz, Art. 4, Anm. II 3; BVerwGE 7, 189 ff.
[28] Vgl. BVerfGE 19, 206.
[29] Vgl. *Listl*, Die Religionsfreiheit als Individual- und Verbandsgrundrecht in der neueren deutschen Rechtsentwicklung und im Grundgesetz, in: Essener Gespräche zum Thema Staat und Kirche, Band 3, 1969, S. 34 ff.
[30] Vgl. BVerfGE 7, 377; BVerwGE 2, 89.

hierbei auf die Abwehr übermäßig belastender oder nicht zumutbarer Auflagen[31].

Bei der reinen Ausübungsregelung, die den Zugang zum Beruf nicht einschränkt, sondern nur die Art und Weise der Tätigkeit in dem gewählten Beruf betrifft, sind die Einwirkungsmöglichkeiten durch den Gesetzgeber stärker als bei Eingriff in den Berufszugang. Wenn innerhalb eines freigewählten Berufes vom Staat eine Pflicht zu einer bestimmten Tätigkeit auferlegt wird, so kommt damit zum Ausdruck, daß die Berufsfreiheit, wie jede andere vom Grundgesetz gewährleistete Freiheit, nicht unbegrenzt ist. Sie setzt die Gebundenheit der berufsausübenden Personen an rechtliche Schranken voraus und gibt ihr einen speziellen Inhalt. Die Gebundenheit kann in einem Unterlassen bestehen, aber auch in einem den berufsausübenden Personen auferlegten positiven Tun. Die von Gesetzen auf dieser Rechtsgrundlage auferlegten Pflichten sind zahlreich und vielgestaltig. Sie beziehen sich z. B. auf die Pflichten der Arbeitgeber zur Berechnung, Einbehaltung und Abführung von Sozialversicherungsbeiträgen oder zur Mitwirkung bei der gesetzlich geregelten Sparförderung (der Vermögensbildung in Arbeitnehmerhand), ferner auf die Pflichten von Versicherungsgesellschaften zur Einbehaltung der Versicherungssteuer, auf die Pflichten der Banken zur Einbehaltung bestimmter Steuern, etwa der Kuponsteuer, auf die Preisauszeichnungspflichten bestimmter Gewerbetreibender, auf die Erstellung und die Vorlage von Bilanzen im Kreditwesengewerbe, auf die Vorlage von Unterlagen im Kraftverkehrsgewerbe, auf die Buchführungspflichten bestimmter Berufe, auf die Pflichten der Ärzte und Apotheker zum Sonntagsdienst, auf die Pflichten der Rechtsanwälte zur Übernahme von Pflichtverteidigungen und Armenrechtssachen, auf die Unterlassungspflichten von Drogisten in bezug auf den Verkauf apothekenpflichtiger Waren, auf die Pflicht von Veräußerern radiumhaltiger Erzeugnisse zur Fernhaltung von Laienwerbern.

Schon diese beispielsweise Aufführung von Pflichten berufsausübender Personen, die auf Grund der Regelungsbefugnis des Art. 12 Abs. 1 Satz 2 GG auferlegt sind, zeigt, daß der Gesetzgeber von seiner Befugnis bereits umfassenden Gebrauch gemacht hat. Die Verfassungsmäßigkeit solcher Regelungen ist nicht zu bezweifeln. Das Bundesverfassungsgericht hatte sich wiederholt mit ihnen zu befassen und in zahlreichen Fällen die Zulässigkeit von solchen Einschränkungen der Berufsfreiheit bejaht[32].

Berufsbedingte Pflichten werden nach der Rechtsprechung des Bundesverfassungsgerichts nicht vom grundsätzlichen Verbot des Arbeits-

---
[31] Vgl. BVerfGE 16, 147.
[32] Vgl. vor allem BVerfGE 9, 78; 9, 221; 17, 238; 17, 251; 22, 380.

3*

zwangs erfaßt, das Art. 12 Abs. 2 GG ausgesprochen hat. Sie werden bereits durch die Zulässigkeit der Berufsausübungsregelung gerechtfertigt. Aber selbst wenn sie unter das Arbeitszwangsverbot fielen, wären die Voraussetzungen für die erlaubte Auferlegung öffentlicher Dienstleistungspflichten, also für die gestattete Ausnahme vom Arbeitszwangsverbot, jedenfalls bei der Pflicht der Arbeitgeber, im steuerlichen Lohnabzugsverfahren tätig zu werden, in vollem Umfang erfüllt. Diese Pflicht besteht bereits seit einem halben Jahrhundert, ist als herkömmlich anzusehen und ist im verfassungsmäßig gebilligten Vorstellungsbild über die zulässige und bestehende Pflichtordnung enthalten. Ob daher in Übereinstimmung mit dem Bundesverfassungsgericht eine erlaubte Berufsausübungsregelung angenommen wird oder ob geltend gemacht wird, es handle sich um eine Auferlegung einer herkömmlichen und allgemeinen öffentlichen Dienstleistungspflicht, führt beim steuerlichen Lohnabzugsverfahren zum gleichen rechtlichen Ergebnis, nämlich der Zulässigkeit solcher Arbeitgeberpflichten. Da diese Pflichten zwar der Berufsausübung in bestimmter Richtung Schranken weisen, während die Berufsfreiheit nicht in ihrem Kern betroffen und durch sie niemand von der Berufstätigkeit ausgeschlossen wird, verdient die Auffassung den Vorzug, daß sie von Art. 12 Abs. 1 Satz 2 GG erfaßt werden. Vernünftige Erwägungen des Gemeinwohls sprechen dafür, die Berufstätigkeit am Rande ihres Wirkungsbereichs in diese Bahnen zu lenken. Die große Zahl von Arbeitnehmern wird dadurch von eigenen Pflichten entlastet. Das Abzugsverfahren führt zur Konzentrierung in einer Hand. Auch der Staat wird entlastet, zumal er sonst für jeden Arbeitnehmer ein Veranlagungs- und Beitreibungsverfahren durchführen müßte.

Beim Abzugsverfahren der Kirchenlohnsteuer stehen, soweit Art. 12 GG einschlägig ist, die gleichen Rechtsfragen an wie bei der staatlichen Lohnsteuer. Das Arbeitsverhältnis bringt mit dem Lohnanspruch sowohl die staatliche wie die kirchliche Lohnsteuer zur Entstehung. Zum rechtlichen Vorgang bei der staatlichen Lohnsteuer hat sich das Bundesverfassungsgericht in folgender Weise ausgesprochen: Die Haftung des Arbeitgebers für die Einbehaltung und Abführung der Lohnsteuer (nicht jedoch für eine Erfüllung der Lohnsteuerpflicht des Arbeitnehmers) „erklärt sich aus seiner erweiterten öffentlichen Dienstleistungspflicht bei der Mitwirkung an steuerlichen Aufgaben. Sie ist besonderer Art, weil der Arbeitgeber hier lediglich für die Einbehaltung und Abführung der Lohnsteuer haftet, also nur als Beauftragter des Steuerfiskus und als Steuererheber gegenüber Arbeitnehmern auftritt, nicht aber für eine fremde Schuld einzustehen hat. Er ist gleichsam Hilfsorgan der staatlichen Finanzverwaltung"[33].

---
[33] BVerfGE 19, 226, 240.

Die gleichen rechtlichen Gesichtspunkte, die für die Einhebung der staatlichen Lohnsteuer entwickelt worden sind, können, soweit Art. 12 GG in Frage steht, auch auf die Kirchenlohnsteuer angewandt werden. Da die Verwaltung der Kirchensteuer durch den Staat eine verfassungsrechtlich zulässige Staatsaufgabe ist, ist es auch die daraus entspringende und in ihr eingeschlossene Verpflichtung der Arbeitgeber bei der Einhebung der Kirchenlohnsteuer im Rahmen der staatlichen Finanzverwaltung mitzuhelfen. Auch bei ihr wird der Arbeitgeber als Hilfsorgan der staatlichen Finanzverwaltung tätig. Er ist Beauftragter des staatlichen Steuerfiskus. Nur diesem gegenüber haftet er für die Einbehaltung und Abführung der Steuer. Im Verhältnis zum Staat haftet er nicht für die Steuerschuld des Arbeitnehmers. Er wird daher in materiell-rechtlicher Hinsicht nicht in das Steuerschuldverhältnis zwischen dem Arbeitnehmer und seiner Kirche einbezogen und tritt nicht in Beziehung zu der Kirche, deren Steuer er einhebt. Pflichten gegenüber dem Staat als Hilfsorgan der Finanzverwaltung, die begründet worden sind und werden, damit der Staat seine eigenen Verpflichtungen leichter erfüllen kann, können jedermann ohne Rücksicht auf seine Beziehung zu einer Kirche treffen. Die Kirche erhält damit keine Hoheitsrechte gegenüber Personen, die ihr nicht angehören, und der Arbeitgeber, der als staatlicher Beauftragter handelt, erbringt damit keine Leistung gegenüber der Kirche.

Die Pflicht des Arbeitgebers zum Lohnabzug zu steuerlichen Zwecken genügt der Anforderung, daß eine Berufsausübungsregelung in einem angemessenen Verhältnis sowohl zur sonstigen Tätigkeit eines Arbeitgebers wie auch zu den angestrebten Zielen stehen muß. Der vom Bundesverfassungsgericht zu Art. 12 GG entwickelten Stufenfolge der Zulässigkeit beruflicher Beschränkungen ist Genüge getan[34].

VI. Kein Verstoß des Kirchensteuergesetzes gegen die Eigentumsgarantie

Durch die staatliche Pflicht des Arbeitgebers zur Berechnung, Einziehung und Abführung der Kirchenlohnsteuer werden dem Arbeitgeber Kosten verursacht. Der Staat berührt damit die Vermögenssphäre des Arbeitgebers. Nach Art. 14 Abs. 1 Satz 2 und Abs. 2 GG muß sich der Eigentümer, d. h. in der Vorstellung des Grundgesetzes auch der Inhaber von Vermögen aller Art, ohne Entschädigung die Beschränkungen gefallen lassen, die in einem sozialen Rechtsstaat üblich, adäquat und zumutbar sind. Die Sozialbindung nach Abs. 2 erstreckt sich sowohl auf Nutzungsbeschränkungen wie auch auf Lasten, die eine Minderung des

---
[34] Vgl. BVerfGE 7, 405; 9, 221; 10, 197; 11, 139; 12, 295; 13, 104; 14, 22; 15, 231; 16, 165; 17, 242 und ständig weitergeführte Rechtsprechung.

Vermögens herbeiführen können. Art. 14 Abs. 2 GG befreit den Inhaber von Vermögen grundsätzlich nicht vor Eingriffen durch Auferlegung von Geldleistungspflichten und von Tätigkeiten, die Vermögensminderungen zur Folge haben. Das Bundesverfassungsgericht hat sich mit zahlreichen Fällen vielgestaltiger Art zu befassen gehabt, in denen dieser Grundsatz immer wieder deutlich zum Ausdruck gekommen ist. Nur dann, wenn eine Pflicht des Vermögensinhabers „erdrosselnd" oder „konfiskatorisch" wirkt, wurde angenommen, daß die Grenze zwischen Sozialbindung und Enteignung überschritten sei[35].

Das ist hier indessen in keiner Weise der Fall. Eine Enteignung kann überdies auch aus dem Grund nicht vorliegen, weil sie allen in gleicher Weise auferlegt wird und im Hinblick auf die verhältnismäßig nicht allzu große Schwere und Tragweite des Eingriffs als Opfer für den Staat zumutbar ist[36].

Da nach der als gefestigt anzusehenden Rechtsprechung und Rechtslehre ein Enteignungsakt nicht in Frage steht, braucht auch die Frage eines enteignungsgleichen Eingriffs, der ebenfalls einen Enteignungsakt voraussetzen würde, nicht geprüft zu werden.

Wenn ein Eingriff in die berufliche Sphäre gleichzeitig einen Eingriff in die Vermögenssphäre bedeuten würde, könnte eine Konkurrenz der Art. 12 und 14 in Betracht kommen. Beide Vorschriften sind dann nebeneinander zu untersuchen und nach ihren beiderseitigen Voraussetzungen zu prüfen. Nach beiden Richtungen liegen aber verfassungswidrige Eingriffe beim Lohnabzugsverfahren der Kirchenlohnsteuer nicht vor. Nach der Rechtsprechung des Bundesverfassungsgerichts stellt eine zulässige Berufsausübungsregelung in der Regel gleichzeitig auch eine zulässige Sozialbindung des Eigentums dar[37].

Die Prüfung der einschlägigen Rechtsfragen führt zu folgendem

Ergebnis

1. Die Kirchensteuer — auch die Kirchenlohnsteuer — in ihrer gegenwärtig in Deutschland ausgebildeten Rechtsgestalt ist eine gemeinsame Angelegenheit von Staat und Kirche. Bei der Art ihrer Einhebung überwiegen die staatlichen Elemente.

2. Nach der Aufgabenverteilung zwischen Bund und Ländern ist jedes Bundesland der Bundesrepublik Deutschland befugt, ein Kirchensteuergesetz zu erlassen.

---
[35] Vgl. u. a. BVerfGE 6, 290, 298; 8, 274, 330; 11, 105, 126; 13, 221, 241; 14, 105, 120; 14, 221, 241; 18, 441, 452; 19, 119, 128; 19, 253, 267; 21, 209, 219; 23, 12, 30; 23, 288, 314.
[36] Vgl. BVerwGE 7, 297; 11, 68; BGHZ 8, 273; 49, 148.
[37] Vgl. BVerfGE 8, 71, 79; 17, 232, 248; 21, 150, 152.

3. Die von Art. 2 GG gewährte Handlungsfreiheit des Menschen kann durch jedes formell und materiell verfassungsmäßige Gesetz eingeschränkt werden. Ein verfassungswidriges Gesetz hätte nicht die Kraft der Einschränkung.

4. Die Verfassungswidrigkeit eines Gesetzes müßte aus sonstigen, d. h. aus außerhalb des Art. 2 GG stehenden, Rechtssätzen und Grundsätzen der Verfassung erwiesen werden.

5. Ein Kirchenlohnsteuergesetz des Staates, hier des Landes Hessen, verletzt weder die Gewissensfreiheit noch die Religionsfreiheit der Personen, die sie als Helfer des Staates einheben müssen.

7. Zwischen Pflichten, die ein staatliches Gesetz dem einzelnen auferlegt, und den Freiheiten des Gewissens und der Religion muß im Konfliktsfall ein Ausgleich gefunden werden, der unter dem Toleranzgebot steht.

8. Freiheiten, die dem einzelnen durch die Verfassung eingeräumt werden, sind in keinem Fall schrankenlos, auch wenn sie nicht mit Gesetzesvorbehalten versehen sind. Sie müssen stets auch im Lichte der Rechte anderer gesehen werden und müssen sich unter diesem Gesichtspunkt Einschränkungen gefallen lassen.

9. Die Heranziehung zu staatlichen Aufgaben im Wege öffentlicher Dienstleistungspflichten begründet für den einzelnen staatsbürgerliche Pflichten. Sie ist auch als Berufsausübungsregelung zulässig.

Die Vereinbarkeit des Kirchenlohn- steuerabzugsverfahrens mit dem Grundgesetz

Von Ulrich Scheuner, Bonn

I. Grundlagen des Verfahrens

1. In neuerer Zeit sind in literarischen Äußerungen verfassungsrechtliche Bedenken gegen die Vereinbarkeit der in den einzelnen deutschen Ländern und ihren Kirchensteuergesetzen vorgesehene Verpflichtung der Arbeitgeber mit dem Grundgesetz erhoben worden, bei der Erhebung der Kirchenlohnsteuer durch Einbehaltung der Beträge und deren Abführung an das Finanzamt mitzuwirken. In diesem Zusammenhang werden eine Reihe von Vorschriften des Grundgesetzes angeführt (Art. 2 Abs. 1; Art. 12 Abs. 1; Art. 14 Abs. 3; sowie die Kompetenzbestimmung Art. 105). Im besonderen haben sich solche Einwendungen auch gegen § 9 Abs. 2 des Hessischen Kirchensteuergesetzes in der Fassung vom 25. 9. 1968 (GVBl. S. 268) gerichtet[1].

2. Die gegen die Verfassungsmäßigkeit des § 9 Abs. 2 Hess. KiStG erhobenen Bedenken lassen sich wie folgt kurz zusammenfassen:

a) Was zunächst Art. 2 Abs. 1 GG anlangt, so zielt die erhobene Rüge darauf ab, daß § 9 Abs. 2 Hess. KiStG die Handlungsfreiheit der Arbeitgeber dadurch einschränke, daß ihr Anspruch beeinträchtigt werde, nicht mit Nachteilen behaftet zu werden, die in der verfassungsmäßigen Ordnung nicht begründet sind (BVerfGE 19 S. 206, 215). Die Auferlegung der Pflicht zur Berechnung und Abführung der Lohnsteuer wird als nicht in der verfassungsmäßigen Ordnung begründet angesehen, weil die auferlegte Pflicht nur bestimmten Gruppen zugute komme.

b) Zu Art. 12 GG wird in verwandter Weise eingewendet, der Arbeitgeber werde in seiner Berufsausübung beschränkt, ohne daß ein Erfordernis des Gemeinwohls vorliege, da nur bestimmte Interessen von dieser Verpflichtung begünstigt würden. Die auferlegte Verpflichtung stehe zudem nicht in einem Zusammenhang mit der Berufsausübung, könne

---

[1] Vgl. an literarischen Äußerungen *Böhlig*, System und Probleme des Kirchensteuerrechts, Göttingen 1964, S. 177 ff.; *Sälzer*, NJW 1970, S. 169 ff.; *Tröger*, ZevKR 14 (1968), S. 101 ff.; *Rasenack*, BB 1968, S. 539 ff.

also auch nicht Gegenstand einer Berufsregelung sein. Endlich wird geltend gemacht, es handele sich hier nicht um eine Regelung der Berufsausübung, sondern um die Auferlegung einer Dienstleistungspflicht im Sinne des Art. 12 Abs. 2 GG, die indessen nicht herkömmlich sei.

c) Die Verletzung des Artikels 14 Abs. 3 GG wird darin erblickt, daß die auferlegte Verpflichtung zur Berechnung und Abführung der Lohnanteile erhebliche Kosten verursache und daher nicht unentgeltlich auferlegt werden könne. Dies stelle eine besondere Belastung dar.

d) Endlich wird unter verschiedenen Gesichtspunkten eine Verletzung des Art. 3 GG behauptet. Einmal im Hinblick auf den Unterschied zwischen Gewerbetreibenden ohne und mit Arbeitnehmern, für die ein Lohnabzug durchzuführen ist, ferner im Hinblick auf den verschiedenen Umfang der Aufwendung an Arbeit und Kosten, je nachdem Arbeitnehmer keiner steuerberechtigten Religionsgemeinschaft angehören oder ob sie in einer glaubensverschiedenen Ehe leben. Es wird zudem auch angeführt, daß eine Ungleichheit in dem Umstand liege, daß Personengruppen einkommensteuerfrei seien oder im Einkommensteuerrecht unterschiedlich behandelt würden.

Ferner wird unter Hinweis auf Art. 105 GG in der Fassung vom 12. 5. 1967 (BGBl. I S. 353) die Meinung vertreten, das Land könne nicht das Lohnabzugsverfahren bei der Kirchensteuer durch Verweisung auf die bundesrechtliche Regelung des Lohnabzugsverfahrens bei der Einkommensteuer regeln. Denn damit gestalte es eine allein in die Landeszuständigkeit fallende Steuer, die Kirchensteuer, im Verfahren mit einer Bundessteuer gleichartig und verstoße gegen das Verbot der Gleichartigkeit der Landessteuern mit denen des Bundes.

In diesem Zusammenhang wenden sich die Bedenken auch gegen die Befugnis des Bundes, in der Lohnsteuerkarte die Angabe der Religionszugehörigkeit vorzuschreiben. Dadurch verstoße der Bund gegen Art. 136 Abs. 3 WeimRV in Verb. mit Art. 140 GG. Der Bund dürfe nicht diese Angabe für seine Zwecke fordern und dringe daher unberechtigt in die religiöse „Intimsphäre" ein.

II. Vereinbarkeit des Lohnabzugsverfahrens mit Art. 12 GG

3. In erster Linie wird meist Art. 2 Abs. 1 GG angeführt. Diese Begründung erscheint dann nicht als richtig, wenn andere Grundrechte für die Beurteilung des Vorganges herangezogen werden können, denen gegenüber Art. 2 GG in eine subsidiäre Position zurücktritt, wie dies der Rechtsprechung des Bundesverfassungsgerichts entspricht (vgl. BVerfGE 9 S. 73, 77; 11 S. 234, 238; 13 S. 290, 296).

Im vorliegenden Fall wird Art. 2 Abs. 1 GG herangezogen, um eine Beeinträchtigung der Handlungsfreiheit durch eine objektiv der verfassungsmäßigen Ordnung angeblich nicht entsprechende Belastung zu beurteilen. Demgegenüber erscheint es richtig, mit der Beurteilung gemäß Art. 12 Abs. 1 GG, der hier maßgeblichen Vorschrift, einzusetzen.

Die den Arbeitgebern auferlegte Belastung mit der Berechnung und Abführung der Lohnanteile steht nämlich in unmittelbarer Beziehung zu ihrer beruflichen Tätigkeit. Sie werden hierzu als selbständige Berufstätige in ihrer Eigenschaft als Arbeitgeber in Anspruch genommen. Die Verpflichtung zur Durchführung des Lohnabzuges folgt demnach aus dem Zusammenhang mit ihrem Gewerbe bzw. ihrer freiberuflichen Tätigkeit. Bei der nahe verwandten Bestimmung über die Mitwirkung der Banken beim Abzug der Kapitalertragsteuer hat das Bundesverfassungsgericht (Bd. 22 S. 380, 383) sich dahin ausgesprochen, daß die Verfassungsmäßigkeit dieser Inanspruchnahme an Art. 12 Abs. 1 GG zu messen sei. Es handelt sich bei ihr um eine Berufsausübungsregelung, wie sie in weitem Maße im Recht der gewerblichen und beruflichen selbständigen Tätigkeiten vorkommen. Wenn der Gesetzgeber im Einklang mit Art. 12 GG die Zulassung zu einem Berufe nur unter besonderen Umständen im Interesse überwiegender Güter des öffentlichen Interesses beschränken kann, so ist er nach der vom Bundesverfassungsgericht entwickelten Stufentheorie (Bd. 7 S. 377 ff.) doch befugt, für die Ausübung des Berufes solche Regelungen zu treffen, die das Gemeinwohl fordert. Vielfach werden solche Regelungen eng mit der Berufstätigkeit verbunden sein und dazu dienen, von ihr ausgehende mögliche Gefahren (Gesundheit oder Beeinträchtigungen anderer [Lärm, Ruß usw.]) oder von Nachteilen für die Beschäftigten (vgl. Nachtbackverbot BVerfGE 23 S. 50, 54) abzuwenden. Indessen können auch weitergehende Interessen geschützt werden. So dient das Nachtbackverbot in Bäckereien sozialpolitischen Interessen (BVerfGE 23 S. 50, 54), so können allgemeine, alle Kreise treffende Beschränkungen im Interesse sozialpolitischer Vorzüge auferlegt werden (Ladenschlußgesetz, BVerfGE 13, S. 237, 241), so können auch finanzielle Lasten auferlegt werden, um allgemeine Zwecke zu fördern (Beiträge und Zugehörigkeit zur Industrie- und Handelskammer: BVerfGE 15 S. 235, 239).

Der Umkreis der berufsregelnden Beschränkungen ist demnach weit gezogen. Er umfaßt diejenigen Begrenzungen, aber auch besonderen Leistungspflichten, die sich nicht nur im engeren Sinne aus der spezifischen Berufstätigkeit ergeben, sondern die auch allgemein einer selbständigen Gewerbe- oder Berufsbetätigung anhaften können. Wer als Arbeitgeber andere Personen beschäftigt, muß in der heutigen Welt, in der im Zuge der Arbeitsvereinfachung und der Erfassung sozialer Vorgänge an ihrer Entstehungsquelle der Rückgriff auf eine Mitwirkung des Arbeitgebers naheliegt, mit einer solchen Inanspruchnahme rechnen. Sie ist keineswegs auf das Lohnsteuerabzugsverfahren beschränkt. Dem Arbeitgeber werden in einer Reihe von gesetzlichen Ordnungen ähnliche Pflichten der Aufzeichnung, Berechnung und Abführung von finanziellen Mitteln auferlegt. Es kann verwiesen werden auf seine Mitwirkung im Rahmen der Sozialversicherung, bei der Durchführung der Vermögensbildung der Arbeitnehmer, bei der Berufsausbildung und Fortbildung[2].

Nach der Rechtsprechung des Bundesverfassungsgerichts können solche aus dem Berufsverhältnis entspringenden Pflichten zur Dienstleistung und Mitwirkung dann als Regelungen der Berufsausübung auferlegt werden, wenn sie durch eine vernünftige Erwägung des Gemeinwohls gefordert werden (BVerfGE 7 S. 377, 406; 16 S. 286, 297; 20 S. 31, 34; 20 S. 283, 295).

Erschwerte Voraussetzungen gelten nur dort, wo wirtschaftspolitische Ziele verfolgt werden und der Eingriff schwerer einwirkt (BVerfGE 16 S. 147, 167; Werkverkehr).

Solche Begrenzungen können auch finanzielle Einbußen mit sich bringen (Beschränkung der Werbung bei Arzneimitteln BVerfGE 17 S. 269, 276) oder schlechthin finanzielle Lasten bringen (Industrie- und Handelskammer-Zugehörigkeit). Es wird nur gefordert werden können, daß es sich bei solchen auferlegten Leistungen um verhältnismäßig nicht zu tief eingreifende Pflichten und Lasten handelt[3], und daß sie die Freiheit nicht in bedeutendem Umfang beschränken[4].

In diesem Rahmen ist es auch durchaus statthaft, daß die auferlegte Begrenzung oder Verpflichtung nicht nur den mit dem Gewerbetreibenden unmittelbar in Beziehung stehenden Personen dient, sondern auch Interessen der Allgemeinheit wahrgenommen und gefördert werden (Erhaltung der Industrie- und Handelskammern, anderer Berufskammern, Mitwirkung bei sozialpolitisch erwünschten Zwecken, wie der Vermögensbildung der Arbeitnehmer).

4. Die hier begegnende Inpflichtnahme von Bürgern für Mitwirkungen an öffentlichen Aufgaben ist eine im deutschen Verwaltungsrecht seit jeher vertraute Erscheinung[5].

---

[2] Vgl. zur Vermögensbildung meine Darlegung, in: *U. Scheuner* und *W. Reuss:* Zur Verfassungsmäßigkeit des zweiten Vermögensbildungsgesetzes 1968, S. 35 ff., 51 f.; Zur Berufsausbildung und Fortbildung siehe nun Berufsbildungsgesetz v. 14. 8. 1969 (BGBl I S. 1112) §§ 1, 6, 21, 45 Abs. 1, 87, 89, 91.
[3] Grundsatz der Verhältnismäßigkeit vgl. BVerfGE 16 S. 147, 175; 19 S. 330, 337; 21 S. 173, 181.
[4] BVerfGE 15 S. 237, 243.
[5] Vgl. *H. P. Ipsen,* Gesetzliche Indienstnahme Privater für öffentliche Verwaltungsaufgaben, Festgabe f. Erich Kaufmann 1950, S. 141 ff.

Sie ist weithin von Literatur und Rechtsprechung als eine Erscheinung des Art. 12 Abs. 2, d. h. als öffentliche Dienstleistungspflicht aufgefaßt worden[6].

Würde man dieser Ansicht folgen, so besteht kein Zweifel, daß es sich hierbei um eine herkömmliche Pflicht handeln würde, da seit 1920 der Gesetzgeber das Lohnabzugsverfahren eingeführt hat und andere ähnliche Pflichten sogar noch älter sind.

Das Bundesverfassungsgericht hat indes in seinem Urteil zur Kuponsteuer vom 29. 11. 1967 dem Art. 12 Abs. 2 eine engere Deutung gegeben. Es sieht in den dort geregelten Dienstleistungspflichten nur solche, die eigentlich körperliche Arbeitsleistungen (siehe auch den Wortlaut „Arbeit") in sich schließen wie gemeindliche Hand- und Spanndienste, die Feuerwehrdienstpflicht und die Pflicht zur Deichhilfe. Andere „Dienstleistungen", wie die hier in Frage stehenden Mitwirkungsleistungen, rechnet es dagegen zu den Berufsausübungsregelungen[7].

Die Neigung einiger Autoren, sich gegen diese Dienstleistungen — der Begriff Dienstleistung wird vom Bundesverfassungsgericht (a.a.O. S. 386) auch für die Mitwirkung nach Art. 12 Abs. 1 verwendet — zu wenden, weil sie Leistungen nach Art. 12 Abs. 2 seien und jedenfalls die Mitwirkung bei der Kirchenlohnsteuer erst nach 1945 eingeführt worden sei, geht demnach fehl. Einmal werden, der Auffassung des Bundesverfassungsgerichts folgend, diese Pflichten nach Art. 12 Abs. 1 zu beurteilen sein, zum anderen ist die Pflicht der Arbeitgeber zur Mitwirkung bei dem Lohnabzug seit der Einführung dieses Verfahrens im Jahre 1920 so festgewurzelt, daß sie ohne weiteres als herkömmlich anzusehen ist, auch in der Ausdehnung auf die Kirchensteuer.

5. Die Gründe, die seinerzeit den Gesetzgeber bewogen haben, das Lohnabzugsverfahren einzuführen, sprechen auch in der Gegenwart für seine Beibehaltung und für seine Anwendung auf die Kirchensteuer. Der Lohnabzug ist nicht nur für den Staat vorteilhaft, weil er eine rasche, laufende und im allgemeinen vollständige Einbringung der Einkommensteuer bei abhängig Beschäftigten sichert, sondern er stellt auch für die Steuerpflichtigen einen Vorzug dar, indem sie nicht zunächst größere Beträge in die Hand bekommen und später die auf sie entfallenden Steuern aufbringen müssen, u. U. in aufgelaufenen größeren Beträgen, sondern von vornherein Auszahlungen empfangen, über die sie wirklich effektiv verfügen können. Das erleichtert ihnen den wirt-

---

[6] Vgl. BayVerfGH v. 17. 10. 1967 Entsch. 20 II S. 171, 178 und die dort aufgeführte Literatur.
[7] BVerfGE 22 S. 380, 383, 386.

schaftlichen Umgang mit ihrem Einkommen. Dazu tritt, daß dies Verfahren für alle Beteiligten zeit- und kostensparend ist. Würde der Staat später von dem Steuerpflichtigen das Geld einziehen müssen, so würde auch der Arbeitgeber viel stärker möglicherweise durch die dann notwendig werdenden Lohnpfändungen mit Arbeit belastet, die sich dann nicht „computergemäß" abspielen könnte, sondern erhebliche Arbeit in jedem einzelnen Fall verursachte. Auch dem Arbeitgeber werden mithin durch dieses Verfahren Arbeit und Kosten erspart. Daß der Arbeitgeber bei der Lohnpfändung für seine Aufwendungen keinen Ersatz vom Gläubiger beanspruchen kann, dazu sei auf die Ausführungen von H. Andersen (NJW 1960 S. 231) verwiesen.

Es können also aus diesen Überlegungen starke Argumente dafür entnommen werden, daß es sich bei dem Lohnabzugsverfahren um eine Regelung handelt, die aus vernünftigen Erwägungen des Gemeinwohls zweckmäßig erscheint (vgl. BVerfGE 13, S. 237, 240). Gesichtspunkte der Zweckmäßigkeit sind ausreichend, wenn die Regelung für die Betroffenen zumutbar und nicht übermäßig belastend ist (BVerfGE 16, S. 286, 297). Dies gilt nicht nur allgemein für die staatliche Lohnabzugsregelung, sondern gerade auch für die Kirchensteuer. Da sich die Arbeitnehmer daran gewöhnt haben, daß ihre Abgaben einschließlich der Sozialabgaben einbehalten werden, würde es eine Anomalie bedeuten, die Kirchensteuer hiervon auszunehmen. Eine zwangsweise Beitreibung der Kirchensteuer mit Lohnpfändungen würde dem Arbeitgeber kaum weniger Arbeit verursachen, selbst wenn sie auf einige Fälle beschränkt bliebe. Vor allem würde der Aufbau eines eigenen kirchlichen Einziehungsapparates hohe Verwaltungskosten und erhebliche Arbeitskräfte erfordern, die beträchtliche Teile des Aufkommens beanspruchen würden. Aber auch dem Staat würden hierdurch unerwartete Schwierigkeiten entstehen. Wenn er seiner in Art. 137 Abs. 6 WeimRV niedergelegten Verpflichtung nachkommen wollte, die Steuerlisten den Kirchen zugänglich zu machen, so würde er bei der Lohnsteuer auf Schwierigkeiten stoßen. Nicht alle Lohnsteuerkarten pflegen zurück ans Finanzamt zu gelangen, und so müßte auch der Staat größere Aufwendungen erbringen und eine erhebliche Arbeitsleistung auf sich nehmen, wenn er die Unterlagen erstellen wollte. Das Lohnsteuerabzugsverfahren erspart ihm dies. Der Staat hat also auch ein Eigeninteresse an dieser Art der Erhebung der Kirchensteuer[8].

Man wird also allgemein — zunächst noch unter Auslassung der spezifisch staatskirchenrechtlichen Gesichtspunkte — feststellen kön-

---

[8] Zu dieser Lage der fehlenden „Steuerlisten" bei der als Lohnsteuer eingehobenen Einkommensteuer siehe BFH in NJW 1970 S. 2032 = BStBl 1969 II 419 = Der Betrieb 1969, S. 1087.

nen, daß die Regelung der Kirchenlohnsteuer in § 9 Abs. 2 Hess. KiStG mit der verfassungsmäßigen Ordnung des Art. 12 GG in Einklang steht[9].

Demzufolge hat sich auch die Rechtsprechung nicht nur früher bereits allgemein zum Lohnsteuerabzug bei staatlichen Steuern im Sinne der Verfassungsmäßigkeit geäußert[10], sondern im gleichen Sinne auch gerade für die Kirchenlohnsteuer ausgesprochen[11].

III. Lohnabzugsverfahren und Staatskirchenrecht

6. Die Heranziehung der Arbeitgeber zur Mitwirkung bei der Einziehung der Kirchensteuer im Lohnabzugsverfahren erscheint daher unter den spezifischen Gesichtspunkten einer berufsregelnden Folgewirkung der Berufstätigkeit mit Art. 12 GG vereinbar. In der Tat sind auch ernsthafte Bedenken gegen diese Pflicht, soweit sie die staatliche Einkommen(Lohn-)steuer betrifft, nicht geltend gemacht worden[12].

Gegen das Abzugsverfahren werden vielfach Bedenken erhoben, die Art. 12 GG bzw. Art. 2 Abs. 1 GG nur zum Ausgangspunkt nehmen und in Wirklichkeit sich aus dem Staatskirchenrecht und dessen Geboten ableiten. Diese Bedenken richten sich einmal dagegen, daß die auferlegte Pflicht hier im Unterschied zur Mitwirkung bei der staatlichen Lohnsteuer nicht als dem Staate geleistet, sondern als den Kirchen erbracht, mithin als eine Leistungspflicht gegenüber den Religionsgemeinschaften aufgefaßt wird. Daher wird sie dann auch nicht zu den gemäß Art. 12 GG aufzuerlegenden Berufsregelungen im Gemeinwohl gerechnet. Des weiteren aber wird in diesen rechtlichen Darlegungen auch in der Heranziehung des Arbeitgebers ebenso wie in der Offenlegung der Religionszugehörigkeit des Arbeitnehmers auf der Lohnsteuerkarte ein Eingriff in die religiöse Freiheit gesehen. Im wesentlichen lassen sich diese Einwendungen unter drei Hauptpunkten erfassen:

a) Der Arbeitgeber erfülle mit dem Einzug für die Kirchensteuer keine Pflicht gegenüber dem Staat, sondern gegenüber „Interessengruppen", d. h. den Religionsgemeinschaften. Eine solche Verpflichtung könne aber nur Mitgliedern der Religionsgemeinschaften auferlegt werden, wie das Bundesverfassungsgericht in seinen Kirchensteuer-

---

[9] Vgl. zur Bedeutung der Einhaltung der verfassungsmäßigen Ordnung BVerfGE 10 S. 89, 99; 15 S. 237, 239.
[10] BFH v. 5. 7. 1963 BStBl 1963 III S. 419.
[11] BayVerfGH Entsch. 20 II S. 171 und 21 II S. 1 ff., abgedruckt auch in Th. Karg, Kirchensteuer in der Evang.-Luth. Kirche in Bayern, 1969, S. 36 ff., 42 ff. BVerfGE 19 S. 226, 240.
[12] Vgl. in diesem Sinne auch *Rasenack*, BB 1968 S. 540 f. und die dort angeführte Literatur.

entscheiden (Bd. 19, S. 206 ff., 226 ff.) festgestellt habe. Von einzelnen wird hier die Mitwirkung als „öffentliche Last" bezeichnet[13].

Eine solche Verpflichtung könne daher nicht im Rahmen der Berufsregelung als Leistungspflicht auferlegt werden.

b) Durch die den Arbeitgebern auferlegte Verpflichtung würden diese genötigt, Hilfsdienste für die Kirchen auch dann zu leisten, wenn sie dieser Glaubensgemeinschaft nicht angehörten oder keiner religiösen Gemeinschaft verbunden seien. Dadurch aber würde die religiöse Freiheit der Beteiligten verletzt, die sich in dem (negativen) Recht auswirke, nicht zu Steuern und Finanzleistungen für Religionsgemeinschaften als Nichtmitglied herangezogen zu werden. Soweit jedenfalls Verschiedenheit im Bekenntnis zwischen Arbeitgeber und der begünstigten Gemeinschaft bzw. dem betroffenen Arbeitnehmer bestehe, sei ein Eingriff in die Glaubensfreiheit möglich[14].

c) Eine weitere Verletzung staatskirchenrechtlicher Gebote wird darin erblickt, daß auf der Lohnsteuerkarte die Religionszugehörigkeit des Arbeitnehmers offenbar werde, ohne daß hierfür die Notwendigkeit einer staatlichen Pflicht geltend gemacht werden könne (Art. 136 Abs. 3 WeimRV). Hier werde zugunsten der Kirchen in die Befugnis zum Verdeckthalten des Bekenntnisses ohne anerkannten Grund eingegriffen.

7. Diese Einwendungen, die unter sich nahe zusammenhängen, zielen alle darauf ab, die Mitwirkung des Arbeitgebers bzw. die Form der Angaben auf der Lohnsteuerkarte als im Widerspruch mit dem im Grundgesetz geregelten Verhältnis von Staat und Kirche befindlich zu erweisen und daher die Auferlegung dieser Leistungspflicht als nicht mit der verfassungsmäßigen Ordnung in Einklang stehend anzusehen. Diese Auffassung geht freilich von einer fehlsamen Grundanschauung über die Relation von Staat und Kirche im Grundgesetz aus, indem sie der Ordnung des Grundgesetzes das Prinzip einer vollen Trennung von Staat und Kirche unterlegt.

8. Das Bundesverfassungsgericht hat in seinen Entscheidungen zum Kirchensteuerrecht vom 14. 12. 1965 ausgeführt, daß die in Art. 2 Abs. 1 GG gewährleistete Freiheit der Person auch den Anspruch umfasse, nicht durch staatlichen Zwang mit einem Nachteil belastet zu werden, der nicht in der verfassungsmäßigen Ordnung begründet ist (BVerfGE 19, S. 206, 215). Damit meint das Gericht, daß die Staatsgewalt nicht Eingriffe vornehmen dürfe, die nicht rechtsstaatlich fundiert sind. Der erste

---

[13] Vgl. *Gerd Böhlig*, System und Probleme des Kirchensteuerrechts, Diss. Göttingen 1964, S. 178/79; *Rasenack*, a.a.O., S. 541/42.
[14] Vgl. *Böhlig*, a.a.O., S. 179; *Rasenack*, a.a.O., S. 543 und in begrenztem Umfang auch *Tröger*, ZevKR 14 (1968), S. 108 ff.

der erwähnten Einwände gegen die Pflicht des Arbeitgebers, seine Mitwirkung bei dem Lohnabzugsverfahren auch auf die Kirchensteuer zu erstrecken, richtet sich dagegen, daß der Staat hier deshalb nicht im Rahmen der verfassungsmäßigen Ordnung handele, weil er eine Pflicht zugunsten der Kirchen auferlege. Diese Auffassung geht indes fehl. Die hier vom Staate auferlegte Handlungspflicht ergibt sich aus einer im Rahmen des staatlichen Steuerrechts dem Arbeitgeber auferlegten Verbindlichkeit. Daß sie mittelbar den Kirchen zugute kommt, steht nicht mit dieser rechtlichen Situation in Widerspruch, daß es sich hier um eine dem Staate gegenüber bestehende Pflicht handelt. Die Gegenmeinung möchte ein gegenteiliges Ergebnis daraus herleiten, daß der Staat im Rahmen des Grundgesetzes nicht seine Mitwirkung bei der Einziehung der Kirchensteuer als eine staatliche — jedenfalls doch als eine gemeinsame staatlich-kirchliche — Aufgabe ansehen dürfe, weil der Staat sich insoweit kirchlicher Interessen nicht annehmen dürfe. Nach der Auffassung, die hier die staatliche Mitwirkung bei der Erhebung der Kirchensteuern und die in ihrem Rahmen erfolgende Auferlegung einer Handlungspflicht gegenüber dem Staat für den Arbeitgeber nicht als Bestandteil der verfassungsmäßigen Ordnung anerkennen möchte, würde diese staatliche Mitwirkung die dem Staat nach Art. 4 GG obliegende Pflicht zur Neutralität gegenüber den Religionsgemeinschaften beeinträchtigen. Der erhobene Einwand zielt also zunächst darauf ab, daß die Pflicht des Arbeitgebers nicht als rechtsstaatlich begründet erscheine, weil der Staat hier seine Neutralitätspflicht verletze. Hierzu darf in Kürze das Folgende ausgeführt werden:

9. Das Grundgesetz gewährleistet die Erhebung von Kirchensteuern in Art. 137 Abs. 6 WeimRV in Verbindung mit Art. 140 GG. Schon daraus ergibt sich, daß die Verleihung des Besteuerungsrechts an die Kirchen im Rahmen der verfassungsmäßigen Ordnung erfolgt. Das kirchliche Besteuerungsrecht, so hat das Bundesverfassungsgericht dargelegt (BVerfGE 19, S. 206, 217), „schließt die Verpflichtung des Staates ein, die Voraussetzungen für die Steuererhebung durch den Erlaß von Landesgesetzen zu schaffen und dabei die Möglichkeit einer zwangsweisen Beitreibung vorzusehen". Durch diese Vorschrift wird eine staatliche Unterstützung bei dieser Steuererhebung festgelegt. Als solche Mitwirkung bezeichnet Art. 137 Abs. 6 die Zurverfügungstellung der staatlichen Steuerunterlagen (Steuerlisten). Mit dieser Benennung ist aber klargelegt, daß es sich bei den kirchlichen Abgaben um echte Steuern handelt. Das schließt ein, daß der Staat für die Erhebung seine Zwangsgewalt zur Verfügung stellt, daß er selbst die Beitreibung übernimmt.

Eine solche staatliche Beitreibung bestand schon seit dem 19. Jahrhundert (vgl. Friedrich Giese, Deutsches Kirchensteuerrecht 1910, Neudruck 1965, S. 563 f.). Die staatliche Mitwirkung kann aber auch, im Zuge der Verwaltungsentwicklung, andere und neuartige Formen annehmen. Wenn die staatlichen Finanzbehörden im Zeichen der zweckmäßigen Durchführung der Besteuerung und Ersparung erheblicher Verwaltungskosten durch Abmachung mit den Kirchen den Einzug der Kirchensteuern übernommen haben, so steht das mit den Bestimmungen des Grundgesetzes durchaus im Einklang. In dieser staatlichen Übernahme des Steuereinzuges für die Religionsgemeinschaften liegt mithin kein Vorgehen außerhalb der verfassungsmäßigen Ordnung.

10. Ein solches Vorgehen des Staates verletzt auch nicht Art. 4 GG. Art. 4 untersagt nicht eine solche staatliche Mitwirkung. Art. 4 GG muß im Zusammenhang der gesamten Verfassungsordnung gesehen werden. Zu ihr gehören auch die aus der Weimarer Verfassung übernommenen und durch Art. 140 GG inkorporierten Artikel, die, wie das Bundesverfassungsgericht entschieden hat (BVerfGE 19, S. 206, 219), vollgültiges Verfassungsrecht darstellen. Gewiß sind diese übernommenen Artikel in die neue Gesamtordnung der Verfassung einzufügen und entsprechend zu deuten, aber sie stehen nicht hinter anderen Bestimmungen zurück (E. Stein, Juristen-Jahrbuch 8 [1967/68], S. 125). Art. 4 GG und die institutionellen Bestimmungen zum Staatskirchenrecht stehen demnach miteinander in einem wechselseitigen Zusammenhang, in dem es nicht angemessen wäre, allein dem Artikel 4 GG einen Vorrang zu gewähren[15].

Aussagen zu der Gesamtheit der staatskirchenrechtlichen Ordnung des Grundgesetzes können mithin nur aus der Einheit der Vorschriften des Grundgesetzes, nicht allein aus Art. 4 GG abgeleitet werden.

11. In erster Linie werden für eine Kennzeichnung der Regelung des Grundgesetzes Art. 4 GG und Art. 137 WeimRV herangezogen. Art. 4 GG an sich legt mit der Glaubensfreiheit eine Enthaltung des Staates von der Identifizierung mit einer Religionsgemeinschaft fest, aber er läßt für die nähere Gestaltung noch einen Rahmen. Art. 137 Abs. 1 WeimRV untersagt mit der „Staatskirche" ein Eintreten des Staates für eine bestimmte Glaubensrichtung sowie eine umfassende enge Verbindung von Staat und Kirche, sei es in staatlicher Identifizierung oder auch in staatlichem Einfluß (Schlaich, a.a.O., S. 39 f.). Die durch ihn wie durch Art. 4 GG implizierte Haltung wird heute in der Regel als Neutralität bezeichnet. Das ist ein in mancher Hinsicht schillernder Begriff (vgl. Schlaich, S. 20 ff.), der im modernen pluralen Staat eine Zurückhaltung des Staates von Stellungnahme, ein Betonen der über den pluralen Anschauungen stehenden gemeinsamen staatlichen Ordnung beinhaltet.

---

[15] Vgl. hierzu *Hollerbach*, VVDStRL 28 (1968), S. 60; *Schlaich*, Essener Gespräche 4 (1970), S. 42.

Es wäre aber unrichtig, diesen Begriff im Sinne einer staatlichen Indifferenz oder einer negativen Abkehr von der Religion zu deuten, wie es bisweilen geschieht. Im Hinblick nicht nur auf die im Verfassungsgefüge erhaltenen Verknüpfungen zwischen Staat und Kirche (Schulbereich, Theologische Fakultäten, Anstaltsseelsorge und auch die hier in Frage stehende Besteuerung) wäre eine solche Deutung nicht durch die Gesamtanordnung der Verfassung getragen, sondern eine isolierte Betonung einzelner Bestandteile, und wäre sie auch dem Charakter des heutigen Gemeinwesens nicht angemessen. Eine solche Deutung würde nicht etwa eine Enthaltung des Staates von Stellungnahmen darstellen, sondern im Gegenteil eine positive Zuwendung des Staates zu einer laizistischen Trennungsidee und damit zu einer bestimmten partikulären weltanschaulichen Gruppe bedeuten[16].

Neutralität, wenn man diese Vokabel einmal zugrunde legen will, ist zu verstehen als Anerkennung einer freien pluralen Entfaltung religiöser und weltanschaulicher Anschauungen. Wenn man in diesem Zusammenhang von der Verhinderung institutioneller Verbindung von Staat und Kirche spricht, so bedeutet das die Abwesenheit von Privilegierungen und von umfassenden organisatorischen Verbindungen, die die freie Selbstbestimmung der Religionsgemeinschaften aufheben oder umgekehrt den Staat in eine einseitige Bindung verstricken würden[17].

In der Ordnung des Grundgesetzes sind eine Reihe von Verbindungen zwischen Staat und Kirche, die teils eine Zusammenarbeit bewirken, teils der Kirche öffentlich-rechtliche Befugnisse eröffnen, erhalten und verfassungsrechtlich gewährleistet. Zu diesen Elementen des Staat-Kirche-Verhältnisses gehört die Stellung der Kirchen als Körperschaften, die Gewährung des Besteuerungsrechts, die Sicherung der Anstaltsseelsorge. Damit ist deutlich gemacht, daß das Verhältnis zwischen Staat und Religionsgemeinschaften im Grundgesetz nicht im Sinne des im 19. Jahrhundert aufgetretenen Grundsatzes strikter Trennung gestaltet ist, sondern Elemente einer Verbindung und Zusammenarbeit erhält, die freilich heute im demokratischen und pluralen Staate im neuen Lichte gesehen werden müssen. Der moderne Staat, der selbst nicht mehr eine bestimmte weltanschauliche Ausrichtung für sich in Anspruch nimmt, steht doch den in seinem Bereich lebendigen geistigen und weltanschaulichen Kräften nicht negativ gegenüber, sondern er sieht in ihnen Bestandteile des sozialen Lebens, die er anerkennt und die er auch in gewissem Umfang fördert. Der Gedanke der Neutralität wird heute auch bei anderen Gebieten verwendet, etwa um die Haltung des Staates gegenüber den Massenmedien zu kennzeichnen (vgl. das

---

[16] *M. Heckel,* Staat, Kirche, Kunst, 1968, S. 202.
[17] Vgl. hierzu *Stein,* a.a.O., S. 126.

Fernsehurteil des Gerichts, BVerfGE 12, S. 209, 262/63) oder um die Haltung des Staates gegenüber der Wissenschaft und ihrer Freiheit zu charakterisieren. Gewiß unterscheidet sich von diesen Bereichen das kirchliche Leben durch größere Eigenständigkeit gegenüber dem Staate. Aber es kann doch diesen Ausblicken entnommen werden, daß Freiheit und Neutralität des Staates nicht bedeuten müssen, daß er nicht eine Erscheinung des kulturellen und geistigen Lebens fördern kann. Mit Recht weist Oppermann (Kulturverwaltungsrecht 1969, S. 29 ff., 38) darauf hin, daß in dieses Bild einer modernen staatlichen Ordnung die geförderte Mitwirkung der Kirchen wie ihre traditionellen Mitwirkungszonen sich einfügen. Es wäre mithin unrichtig, diese im Grundgesetz erhaltenen Verbindungen von Staat und Religionsgemeinschaften nur als Reste früherer Einrichtungen aufzufassen. Sie fügen sich vielmehr in neuere Entwicklungen ein, in denen der Staat mehr und mehr Verantwortungen und Unterstützungen im Bereiche spezifisch geistiger und kultureller Freiheitsbereiche übernimmt.

Das gilt vor allem im Blick auf die finanzielle Seite. Der Staat trägt nicht nur die Wissenschaft fast ausschließlich, er sichert auch die finanzielle Position der Massenmedien Funk und Fernsehen, und neuere Auffassungen machen ihn auch verantwortlich für den Unterhalt privater Unterrichtsanstalten (vgl. BVerwGE 23, S. 347 ff. und 27, S. 320).

Zusammenfassend kann festgestellt werden, daß sich die staatliche Mitwirkung bei der kirchlichen Besteuerung in die Gesamtordnung der Verfassung einfügt und keineswegs als eine dem Gebot der staatlichen Neutralität widersprechende Erscheinung angesehen werden kann. Eine Deutung des Grundgesetzes im Sinne älteren Trennungsdenkens würde seiner Gesamtordnung nicht gerecht werden[18].

12. Diese grundsätzliche Situation schließt es aber auch aus, jede staatliche Mitwirkung bei kirchlichen Einrichtungen als funktionell der Kirche zugehörig anzusehen. Es gibt einen Bereich gemeinsamer staatlich-kirchlicher Aufgaben, zu denen gerade das Besteuerungsrecht gehört, das der Staat den Kirchen eröffnet (vgl. BVerfGE 19, S. 206, 217). Staatliche Vorkehrungen in diesem Bereich sind demgemäß staatliche Angelegenheiten. Wenn der Staat gegenüber den Kirchen verpflichtet ist, ihnen mit seiner Gewalt bei der Beitreibung der kirchlichen Steuern beizustehen, so ist diese Gewalt eine staatliche (vgl. auch Giese, a.a.O., S. 564). Daraus folgt:

a) Das staatliche Handeln im Bereich der Erhebung der Kirchensteuern ist, soweit es in Erfüllung der staatlichen Gewährleistung dieses Besteuerungsrechtes geschieht, eine staatliche Aufgabe, die demgemäß zur verfassungsmäßigen Ordnung zählt.

---

[18] Vgl. *M. Heckel*, VVDStRL 26 (1968), S. 26 ff.

b) Diese Mitwirkung kann im Zuge der zweckmäßigen Verwaltungsentwicklung auch neben der Beitreibung die Form einer vom Staat übernommenen Einziehung gewinnen. Aus der Fortbildung der staatlichen Steuererhebung folgen auch entsprechende Anpassungen der kirchlichen Besteuerung, wenn diese sich in die steuerrechtliche Ordnung einfügen soll. Die in diesem Zusammenhang in Anspruch genommene Handlungspflicht des Arbeitgebers fällt mit in diesen staatlichen Bereich. Sie bleibt, auch wenn sie der Durchführung der staatlichen Mitwirkung bei der Kirchensteuer gilt, Teil der staatlichen Inanspruchnahme und ist daher eine dem Staate, nicht den Kirchen geleistete Pflicht.

c) Der Arbeitgeber wird mithin durch die Auferlegung einer Mitwirkung bei dieser vom Staat übernommenen Einziehung der Lohnsteuer für die Kirchen nicht mit einer Hilfeleistung für die Kirchen belastet, sondern seine vom Staat ihm im Rahmen des staatlichen Steuersystems auferlegte Handlungspflicht wird, wiederum für staatliche Aufgaben, die der Staat gesetzlich gegenüber den Kirchen übernommen hat, ausgedehnt. Der Staat ist, wie auch der Bayerische Verfassungsgerichtshof entschieden hat (VerfGH 10, S. 86—91), befugt, an Stelle der Übergabe von Steuerunterlagen selbst den Einzug der Kirchensteuern zu übernehmen (ebenso BayVerfGH 20, S. 177). Diese Regelung liegt innerhalb der verfassungsmäßigen und rechtsstaatlichen Ordnung. Es handelt sich hier um eine öffentlich-rechtliche, dem Staat geschuldete Leistungspflicht (BayVerfGH 20, S. 178).

d) Daher liegt es im Rahmen der in Art. 12 GG dem Staat eröffneten Berufsregelung im Sinne einer Regelung der Berufsausübung, daß der Staat diese Erweiterung der Mitwirkungspflicht des Arbeitgebers aussprechen kann. Daß diese Pflicht dem Arbeitgeber für die Kirchensteuer nicht durch den Bundesgesetzgeber auferlegt wird, der eine Handlungspflicht grundsätzlich in § 18 AO festgelegt hat, sondern durch den für die Kirchensteuer zuständigen Landesgesetzgeber, ändert hieran nichts. Es bleibt eine dem Staate geschuldete Leistungspflicht[19].

13. Der zweite gegen die Mitwirkung des Arbeitgebers gerichtete Einwand stützt sich auf die These, daß der Arbeitgeber hierdurch in seiner eigenen Religionsfreiheit berührt sein könnte. Dies wäre jedenfalls dann möglich, wenn er bei der Einziehung der Kirchensteuer einer Religionsgemeinschaft mitwirken sollte, der er nicht angehört. Dieser Einwand verweist auf die Entscheidung des Bundesverfassungsgerichts vom 14. 12. 1965, nach der es den Religionsgemeinschaften nur gestattet ist, von den eigenen Mitgliedern Steuern zu erheben, und der Staat,

---
[19] Vgl. auch *Engelhardt*, Die Kirchensteuer in der Bundesrepublik Deutschland, 1968, S. 200/01.

der ihnen weitergehende Befugnisse einräumte, eine Regelung treffen würde, die nicht mehr mit dem verfassungsmäßigen Verhältnis von Staat und Kirche im Einklang sein, mithin nicht verfassungsmäßig zulässig sein würde (BVerfGE 19, S. 206, 220). In dem Hinweis auf diese Entscheidung wird indes verkannt, daß es sich um zwei ganz verschiedene Tatbestände handelt. In jener Entscheidung hat das Bundesververfassungsgericht die Besteuerung juristischer Personen durch die Religionsgemeinschaften, und in dem Urteil Bd. 19, S. 226 ff. die Heranziehung des nicht einer Kirche angehörenden Ehegatten für die Steuerpflicht seines Ehepartners gegenüber einer Kirche für unstatthaft erklärt. Dabei handelte es sich jeweils um Zahlungsverbindlichkeiten von Personen, die nicht Mitglieder einer Religionsgemeinschaft waren, aber ihre Steuern für sich selbst oder für ihren Ehegatten entrichten sollten. Im vorliegenden Falle geht es indessen gar nicht um eine Zahlungspflicht, sondern um eine Unterstützung der staatlichen Finanzverwaltung durch eine Mitwirkung. Eine direkte Beziehung zur Kirche liegt gar nicht vor. Die Kirche legt hier nicht eine Handlungspflicht auf, die ihr zugute kommt, sondern der Staat, um seine Verwaltung zu entlasten. Den Kirchen ist hier also, im Unterschied von den vom Bundesverfassungsgericht 1965 entschiedenen Fällen, gar keine hoheitliche Befugnis eingeräumt.

Der Arbeitgeber wird hier also nicht einer ihm fremden kirchlichen Hoheit unterworfen.

14. Dies gilt auch insofern, als der Arbeitgeber für die richtige Abführung der Kirchenlohnsteuer selbst haftet. Diese Haftung besteht ebenfalls nur gegenüber dem Staat. In den Anfängen der Lohnsteuerregelung war es bisweilen umstritten, wer eigentlich Steuerschuldner sei, der Arbeitnehmer oder der Arbeitgeber (Bühler, Lehrbuch des Steuerrechts, Bd. II, 1. Auflage 1938, S. 159). Die heutige Ausgestaltung der Lohnsteuer hat indes die ältere Konzeption, die den quellenmäßigen Ursprung betonte, beseitigt und sieht die Lohnsteuer ausdrücklich als eine personale Steuer des Arbeitnehmers an (vgl. BFH Entsch. Bd. 55, S. 262). § 38 Abs. 3 EStG in der Fassung vom 12. 12. 1969 (BGBl I S. 2265) besagt:

„Der Arbeitnehmer ist beim Steuerabzug vom Arbeitslohn Steuerschuldner."

Der Arbeitnehmer haftet, wie sich aus § 38 Abs. 3 Satz 2, a.a.O., ergibt, nur für die Einbehaltung und Abführung der Lohnsteuer. Diese Haftung macht ihn nicht zu einem Steuerschuldner, sondern legt ihm nur eine Haftung für die ordnungsgemäße Ausführung seiner Mitwirkungspflicht auf. Es ist zudem zu beachten, daß der Arbeitgeber zu dieser Haftung nicht ohne weiteres heranzuziehen ist, sondern das Finanzamt bei einem Ausfall an Einhebung stets zu prüfen hat, ob nicht der Arbeitnehmer heranzuziehen ist, für den die Steuer nicht entrichtet wurde (vgl. BFH vom 7. 2. 1969, Betrieb 1969 S. 999).

Aus diesen Gründen entfällt durchaus jede Vergleichbarkeit auch der Haftung des Arbeitgebers mit einer unmittelbaren Heranziehung zu Kirchensteuern. Die Haftung besteht gegenüber dem Staat, und sie gründet sich heute nicht auf eine Steuerschuld, auch nicht eine subsidiäre Schuld, sondern auf Mängel bei der dem Staate geschuldeten Mitwirkungspflicht.

15. Diese dem Staat geleistete Mitwirkung aber kann keine Beeinträchtigung des Art. 4 GG bedeuten. So sehr die Religionsfreiheit als ein grundlegendes menschliches Recht sorgsam zu achten ist, so darf sie doch weder in ihren positiven noch in ihren negativen Zügen überspannt werden. Es ließe sich nur aus einer, hier schon abgelehnten Deutung des staatskirchenrechtlichen Systems als dem einer strikten Trennung ableiten, wenn man die Glaubensfreiheit dahin verstehen wollte, der Staat dürfe niemandem eine Berührung mit religiösen oder weltanschaulichen Einrichtungen zumuten. Eine solche Überbetonung des negativen Gehalts der Religionsfreiheit ist indes zu Recht in der neueren Literatur abgelehnt worden[20].

Sie findet auch hier keine Stütze im tatsächlichen Vorgange. Sofern es sich um religiöse Bekundungen handelt, in denen der einzelne zu einer Stellungnahme veranlaßt wird, läßt sich eine Beziehung zur Religionsfreiheit herstellen, wie dies z. B. in der bekannten Frage der Schulgebete und des Fernbleibens von ihnen der Fall ist. Auch hier ist freilich zu beachten, daß Religionsfreiheit als individuelles wie als Gruppenrecht nur ohne Eingriff in die Rechte der anderen Mitmenschen gewahrt werden kann, wenn gegenseitige Toleranz geübt, wenn gewisse geringere Belastungen des eigenen Standpunktes um der Erhaltung der Freiheit anderer willen in Kauf genommen werden. Bei der Abführung der Lohnsteuer aber wird eine staatliche Pflicht erfüllt. Daß sie mittelbar den Religionsgemeinschaften dient, kann keine Gewissensbeschwer für den Arbeitgeber bedeuten. Die staatliche Gesetzgebung erwartet an vielen Stellen, daß Personen mithelfen, weltanschauliche Rechte zu verwirklichen, die der betreffenden Gemeinschaft, die begünstigt wird, fernstehen. Jeder Beamte muß weltanschaulichen Gruppen dienstlich in gleicher Weise begegnen und vermag sich nicht auf seine innere Einstellung zu berufen. Ihm ist in gewissem Sinne die hier für den Arbeitgeber begründete öffentlich-rechtliche Funktion

---

[20] Vgl. *M. Heckel*, VVDStRL 26, S. 36; ders., Staat, Kirche, Kunst, S. 204/05; *Listl*, Essener Gespräche 3 (1969), S. 94; *Schlaich*, Essener Gespräche 4 (1970), S. 12 f.

des Abzuges verwandt. Auch von ihm muß der Staat bei Heranziehung zu einer öffentlichen Pflicht ein Verhalten erwarten können, das er gleichmäßig gegenüber allen weltanschaulichen Gemeinschaften beobachtet. Die Akte der Mitwirkung liegen ihrer Natur nach so weit entfernt von einer inneren glaubensmäßigen Betätigung, sie sind so sehr in neutrale staatliche Leistungspflichten eingebunden, daß eine sinnvolle Deutung der Religionsfreiheit hier eine Einwirkung auf die Glaubensfreiheit für nicht gegeben erachten kann. Es läßt sich also abschließend feststellen, daß die Mitwirkung, die der Arbeitgeber dem Staat bei dem Lohnabzug schuldet, auch soweit sie sich auf die Einbehaltung der Kirchenlohnsteuer bezieht, keine Beeinträchtigung der Religionsfreiheit des Arbeitgebers darstellt, auch wenn er bei der Einziehung für Religionsgemeinschaften mitwirkt, denen er nicht angehört. Die gegenteilige Auffassung von Böhlig (a.a.O., S. 179), die in jeder „Unterstützung" einer Religionsgemeinschaft eine mögliche Einwirkung auf die Religionsfreiheit erblickt, ist nicht begründet. Der Arbeitgeber leistet hier nicht eine Unterstützung für die Kirche, sondern dient staatlichen Zwecken.

Selbst wenn mittelbar die Kirchen begünstigt werden, so gehört diese Leistung zu denjenigen geringfügigen Begrenzungen der eigenen religiösen negativen Freiheit, bei denen das Gebot der aus Art. 4 GG abzuleitenden Toleranz es verwehrt, fremde Rechte in ihrer Verwirklichung zu beeinträchtigen. Auch die von Tröger (ZevKR 14, 1968, S. 109 ff.) entwickelten Gedanken greifen hier nicht durch. Die von ihm behauptete Unterstützung der Religionsgemeinschaft liegt nicht vor; sie ist nur eine mittelbare, und wird nicht, wie Tröger anerkennt (S. 109 Anm. 36 a), den Kirchen geschuldet. An diesem Punkte scheitert auch die These von Rasenack (BB 1968, S. 543). Wenn Tröger dann dazu gelangt, die von ihm angenommene Einwirkung auf die Religionsfreiheit deshalb zuzulassen, weil der administrative Vorzug des Abzugsverfahrens den geringen Grad einer Beeinträchtigung überwiege (a.a.O., S. 117), so kann dem nicht gefolgt werden. Tröger verkennt, daß der Arbeitgeber hier nicht den Religionsgemeinschaften seine Leistung zuwendet.

16. Ein dritter Einwand richtet sich dagegen, daß bei dem Abzugsverfahren dem Arbeitgeber ein Einblick in die Bekenntniszugehörigkeit des Arbeitnehmers eröffnet wird und dieser zur Angabe seines Bekenntnisses auf der Lohnsteuerkarte verpflichtet wird. Man möchte darin einen Verstoß gegen Art. 136 Abs. 3 WeimRV erblicken[21].

Diese Auffassung beruht auf einer unrichtigen Auslegung des Art. 136 Abs. 3 WeimRV. Diese Vorschrift will sicherstellen, daß staatliche Stel-

---

[21] Vgl. hierzu *Tröger*, a.a.O., S. 117 f.; *Burchardi*, StuWi 45 (1968), S. 134.

len Auskünfte über das Bekenntnis fordern, ohne daß hierzu ein zureichender Anlaß besteht. Dadurch wird das Recht des einzelnen geschützt, in seinem staatsbürgerlichen wie privaten Dasein unabhängig vom konfessionellen Status aufzutreten und über seine innere Einstellung wie über seine äußere Zugehörigkeit zu einer Religionsgemeinschaft Schweigen zu bewahren. Es wird mithin durch Art. 136 Abs. 3 WeimRV ein Stück der sog. negativen Religionsfreiheit gesichert, ein „Nichtbekennenmüssen" gewährleistet. Der Verfassungsgesetzgeber hat aber nicht verkannt, daß zwar grundsätzlich staatsbürgerliche und bürgerliche Rechte vom Bekenntnis unabhängig sein sollen (Art. 136 Abs. 2 WeimRV), daß aber das Bekenntnis in vielfacher Hinsicht doch auch für rechtliche Verhältnisse von Bedeutung sein kann, und daß dann hier auch seine Feststellung notwendig wird. Nach § 1779 BGB hat das Vormundschaftsgericht bei der Auswahl eines Vormunds auf das religiöse Bekenntnis des Mündels Rücksicht zu nehmen. Das bedingt, daß sowohl die Bekenntnislage des Mündels wie eines Vormundes festgestellt werden muß. Im Rahmen des Art. 7 GG sind Bekenntnisschulen und christliche Gemeinschaftsschulen zulässig, und ist die Erteilung von Religionsunterricht zum ordentlichen Lehrfach erklärt. Auch die Durchführung dieser Regelung erfordert in erheblichem Umfang die Ermittlung des Bekenntnisstandes von Lehrern und Schülern. Ernennt der Staat ein Mitglied einer Theologischen Fakultät, so muß er ebenfalls sich vom Bekenntnis überzeugen. Dasselbe gilt für die Betrauung mit der Anstaltsseelsorge (Art. 141 WeimRV). In allen diesen Fällen erweist sich eine amtliche Ermittlung des Bekenntnisstandes als erforderlich. Daher bestimmt auch das Verfassungsrecht (Art. 136 Abs. 3 Satz 2) ausdrücklich, daß die Behörden berechtigt sind, nach dem Bekenntnis zu fragen, soweit hiervon Rechte und Pflichten abhängen. Der Umkreis solcher Rechte und Pflichten ist, wie schon die angeführten Beispiele (zu ihnen auch Anschütz, Die Verfassung des Deutschen Reiches, 14. Bearb. 1933 Anm. 3 und 4 zu Art. 136 S. 626/27) ergeben, weit zu ziehen (so im Anschluß an die Beratungen des Verfassungsausschusses auch Anschütz, a.a.O., S. 626). Daß darunter auch die für die kirchliche Besteuerung notwendigen Angaben fallen, ist seit jeher anerkannt (Anschütz, a.a.O., S. 627) und erhellt daraus, daß die kirchliche Steuerpflicht eine auf verfassungsrechtlicher Grundlage durch Staatsgesetz begründete Pflicht ist. Sie gehört also unzweifelhaft zu den in Art. 136 Abs. 3 Satz 2 angesprochenen Rechten und Pflichten.

Wenn demgegenüber Burchardi (StuWi 1968, S. 137 ff.) dies in Zweifel zu ziehen sucht, so beruht dies auf widersprüchlicher Argumentation. Er betont zunächst, staatsbürgerliche Rechte und Pflichten dürften nicht vom Bekenntnis abhängen. Das ist richtig, unterliegt aber, wie dargelegt, insoweit Ausnahmen, als die spezifische staatsbürgerliche Position

— z. B. eines Beamten (Lehrers) — gerade mit dem Bekenntnis zusammenhängt. Insoweit tritt auch Art. 33 Abs. 3 GG zurück, der diese Unabhängigkeit von weltanschaulichen Bindungen, soweit bürgerliche und staatsbürgerliche Rechte in Frage stehen, nochmals im Rahmen des Grundgesetzes festlegt[22].

In diesem Sinne gehört die Pflicht zur Entrichtung von Kirchensteuern, gleich ob man sie als staatsbürgerliche Pflicht ansehen will oder nicht, zu denjenigen Pflichten, bei denen die Bekenntnisermittlung unumgänglich ist. Die ferner aufgestellte Behauptung, daß eine Steuer nicht in ihrer Grundlage oder Höhe vom Bekenntnis abhängen dürfe, trifft gewiß für staatliche Abgaben zu, ist aber gerade für die von der Verfassung den Kirchen gegenüber ihren Mitgliedern gewährte Besteuerungsbefugnis nicht anwendbar. Wenn das Bundesverfassungsgericht ausgesprochen hat (BVerfGE 19, S. 206, 216), daß Religionsgemeinschaften nur die ihnen angehörigen Personen besteuern dürfen, so muß eben dieser Bekenntnisstand für eine kirchliche Besteuerung ermittelt werden. Wie schon der Blick auf die Fälle zeigt, in denen „Rechte und Pflichten" vom Bekenntnis abhängen, handelt es sich in Art. 136 Abs. 3 Satz 2 keineswegs nur um staatsbürgerliche Rechte und Pflichten, sondern der Kreis der zur Feststellung des Bekenntnisstandes ermächtigender Rechtsbeziehungen reicht weiter. Die Meinung, nur staatsbürgerliche Pflichten fielen unter Art. 136 Abs. 3 Satz 2, die zudem zu der These in Widerspruch steht, staatsbürgerliche Beziehungen dürften vom Bekenntnis niemals abhängig sein, entbehrt also der Grundlage[23].

Die Rechtsprechung hat schon früher den Standpunkt eingenommen, daß die mit der Kirchensteuerpflicht in Zusammenhang stehenden Vorschriften über die Angabe der Bekenntniszugehörigkeit bei der polizeilichen Meldepflicht mit Art. 136 WeimRV im Einklang stehen und die daraus folgende Zusammenarbeit der Meldebehörde mit den zuständigen Stellen hierdurch gedeckt ist (OVG Münster in OVGE 10, S. 93 ff.). Diese Entscheidung hat mit Recht angenommen, daß zu den in Art. 136 genannten „Behörden" auch die Meldeämter gehören, hat also im Einklang mit der Lehre die Meinung vertreten, daß das Fragerecht der Behörden nicht eng auf die jeweils unmittelbar befaßte Behörde zu begrenzen ist, sondern auch Verwaltungserleichterungen zuläßt, durch die solche Feststellungen durch geeignete Stellen anläßlich allgemeiner Vorgänge gemacht werden. Gerade daraus ergibt sich, daß gegen die Feststellung des Bekenntnisses in der Lohnsteuerkarte kein Bedenken

---

[22] Vgl. hierzu: *v. Mangoldt-Klein*, Grundgesetz Anm. IV, 6 zu Art. 33, S. 808 f., weil hier das Bekenntnis zu der objektiven „Eignung" des Betreffenden gehöre.
[23] Vgl. auch *Engelhardt*, a.a.O., S. 198.

obwalten kann. Das Recht der Religionsfreiheit wird durch diese, zur ordnungsgemäßen Erfassung der Kirchensteuerpflichtigen notwendige Feststellung nicht berührt.

Auch gegen die Weitergabe dieser Feststellung an den als Hilfsorgan der Verwaltung fungierenden Arbeitgeber besteht kein rechtliches Bedenken. Die angeführte Entscheidung des OVG Münster hebt richtig darauf ab, daß eine Zusammenarbeit von Behörden in dieser Hinsicht statthaft ist. Der Arbeitgeber ist hier nur Teil des staatlichen Behördenapparates. Daß er keinen Mißbrauch mit der erlangten Kenntnis treiben kann, sichert § 22 AO, der das Steuergeheimnis schützt. Er gilt, wie Abs. 3 Satz 2 ausweist, ausdrücklich für die Träger von Ämtern der Religionsgemeinschaften, aber nach der weiten Fassung des Abs. 2 Ziff. 1 auch für die „in einem anderen Verfahren" herangezogenen Arbeitgeber im Lohnabzugsverfahren.

Auch der aus der Offenlegung des Bekenntnisstandes in der Lohnsteuerkarte abgeleitete Einwand, hier werde die Religionsfreiheit berührt, erweist sich demnach als unbegründet.

17. Man wird feststellen können, daß die Regelung des Lohnabzugsverfahrens bei der kirchlichen Besteuerung in keinem Punkte gegen die verfassungsmäßige Ordnung verstößt. Die dem Steuerpflichtigen auferlegte und durch die Austellung der Lohnsteuerkarte verwirklichte Angabe seines Bekenntnisstandes greift nicht in seine religiöse Freiheit ein. Die Heranziehung des Arbeitgebers zur Ermittlung und Einbehaltung der auf die Kirchensteuer entfallenden Lohnanteile stellt eine Auferlegung einer Handlungspflicht dar, die der Staat in Ausübung seiner Finanzgewalt ihm für die Durchführung einer staatlichen Angelegenheit auferlegt. Wie das Bundesverfassungsgericht in einer Bemerkung geäußert hat (BVerfGE 19, S. 226, 240), ist die Mitwirkung des Arbeitgebers und die gesetzlich für ihn nicht ordnungsgemäßer Ausführung entstehende Haftung gegenüber dem Fiskus eine erweiterte öffentliche Dienstleistungspflicht, der er als Hilfsorgan der Steuerverwaltung unterstellt wird. Da der Staat verpflichtet ist, den Einzug der kirchlichen Steuern in der gesetzlich vorgesehenen und von ihm gegenüber den Kirchen übernommenen Form durchzuführen (vgl. auch Art. 18 Abs. 1 des Kirchenvertrages des Landes Hessen mit den evangelischen Religionsgemeinschaften vom 10. 6. 1960, GVBl. S. 54), so nimmt er hier die Arbeitgeber für eine staatliche Angelegenheit in Anspruch. Selbst wenn man wegen der mittelbaren Begünstigung der Kirchen von einer gemeinsamen staatlich-kirchlichen Angelegenheit hier sprechen will, bleibt die Tatsache bestehen, daß hier die staatliche Seite des Verhältnisses dem Arbeitgeber gegenüber zum Ausdruck kommt. Der Staat nimmt ihn in Pflicht. Es wird nicht, wie es in den

Urteilen des Bundesverfassungsgerichts vom 14. 12. 1965 der Fall war, hier den Kirchen eine Hoheitsbefugnis gegenüber dem Arbeitgeber verliehen. Der Staat ist vielmehr selbst der Empfänger der auferlegten Dienstleistung.

Es trifft daher nicht zu, wenn immer wieder die Behauptung aufgestellt wird, hier würde der Arbeitgeber für die Zwecke der Kirchen in Anspruch genommen[24].

Diese Auffassung fußt auf einem überholten Rechtszustand, da sie davon ausgeht, daß es an einer gesetzlichen Grundlage für die Erhebung der Kirchensteuer fehle. Dies ist inzwischen durch die Kirchensteuergesetze der Länder geschehen, die durch den Verweis auf das Lohnabzugsverfahren oder auch durch ausdrückliche Vorschriften landesgesetzlich die Mitwirkungspflicht des Arbeitgebers festlegen. Das hessische Recht hat die Verpflichtung des Arbeitgebers zur Durchführung des Lohnabzuges für die Kirchensteuer in § 9 Abs. 2 Satz 2 des Kirchensteuergesetzes in der Fassung vom 25. 9. 1968 (GVBl. S. 267) ausdrücklich festgelegt[25].

Da es sich um eine dem Lande gegenüber den Kirchen obliegende Verpflichtung handelt, und das Land insoweit daher gesetzgeberisch zuständig erscheint, ist die Erweiterung der bundesrechtlich auferlegten Mitwirkungspflicht rechtlich möglich. Sie erscheint als eine der Landesfinanzgewalt inhärente Befugnis des Landes, im Rahmen seiner Zuständigkeit für Steuererhebung und für die Steuerverwaltung solche Leistungspflichten aufzuerlegen. Angesichts der Position, in der sich gemäß Art. 108 GG die Finanzverwaltung befindet, gehört diese Leistungspflicht in den zum Bereich der Landesfinanzbehörden gehörenden Teil der Verwaltung, für den nun ihrerseits die Länder daher befugt sind, solche Pflichten aufzuerlegen. Von seiten des Bundes ist diese Verpflichtung insofern vorgesehen, als die Aufnahme des Bekenntnisstandes in die Lohnsteuerkarte gemäß § 9 Abs. 3 Ziff. 5 LStDV diese Verpflichtung des Arbeitgebers bereits im Auge hat.

Die Verpflichtung des Arbeitgebers wird daher hier nicht in einem irgendwie gearteten Verhältnis den Kirchen gegenüber begründet, sondern ausschließlich gegenüber dem Staate. Sie ist Ausfluß allgemeiner staatsbürgerlicher Verpflichtung gegenüber der Finanzhoheit des Staates, die auch — vgl. §§ 166 ff., 175 ff. AO — Nebenpflichten des Steuerpflichtigen wie Auskunfts- und Hilfspflichten Dritter umfassen

---

[24] Vgl. so schon die ältere Entscheidung des LAG Düsseldorf vom 20. 5. 1949, Recht der Arbeit 1950, S. 387.
[25] Vgl. auch hierzu die Kommentierung zu den entsprechenden Bestimmungen des nordrhein-westfälischen KiStG von *Marré-Hoffacker*, Das Kirchensteuerrecht im Land Nordrhein-Westfalen, 1969, S. 220. Eine Übersicht landesrechtlicher Bestimmungen bei *Rasenack*, a.a.O., S. 540, Anm. 12.

kann. Dieser Zusammenhang mit dem Steuerverfahren der Lohnsteuer ist durchweg gewahrt. Die Verpflichtung des Arbeitgebers ist eine Erweiterung seiner Mitwirkung bei dem Lohnabzug, und ist auch technisch mit diesem in einem Verfahren abzuwickeln.

Daß der Landesgesetzgeber befugt ist, die Erhebung der Kirchensteuer abweichend von der in Art. 137 Abs. 6 WeimRV vorgesehenen Mitteilung der Unterlagen (Steuerlisten) zu regeln, hat das Bundesverfassungsgericht (BVerfGE 19, S. 248, 258) ausdrücklich betont. Dort wird ausgeführt, daß er die Kirchensteuer in ihrer materiellen Regelung als Zuschlagssteuer ausgestalten darf. Ein solches Zuschlagssystem wirkt sich aber auch auf die Form der Erhebung aus. Sieht der Staat heute bei der Mehrzahl der Steuerpflichtigen von einer besonderen Veranlagung ab und wählt statt dessen den technisch zweckmäßigeren Weg der Quellenbesteuerung durch den Lohnabzug, so kann sich auch die Erhebung der Kirchensteuer — sollen umständliche und aufwendige Verwaltungsarbeiten vermieden werden — hieran anschließen. Die Meinung, es müsse für die Kirchensteuer auch in dieser Hinsicht ein besonderes Verfahren gewählt werden, verkennt die Weite der Ermächtigung zur Gestaltung des kirchlichen Steuerrechts, die Art. 137 Abs. 6 WeimRV erteilt.

18. Wenn der Staat öffentliche Pflichten auferlegt, so kann er dies tun, ohne hierfür einen finanziellen Ausgleich zu gewähren. Die berufsregelnden Pflichten, die wir in vielen Berufen finden — Buchführungs- und Auskunftspflichten im Steuerrecht, Mitwirkungen der Arbeitgeber bei der Vermögensbildung der Arbeitnehmer, Abführung der Kapitalertragsteuer durch die Schuldner (§ 43 ff. EStG), Ausbildungsleistungen —, werden allgemein nicht abgegolten. Es ist wiederum irrig, wenn die Einwände gegen das Lohnabzugsverfahren darzulegen suchen, daß hier bei der Kirchensteuer die Leistung für die Kirche erbracht werde, und daher der Staat diese Leistung nicht ohne Gegenwert in Anspruch nehmen dürfe. Es ist dargelegt worden, daß die Leistung dem Staat erbracht wird. Wenn auch nicht zu verkennen ist, daß dem Arbeitgeber bei der Mithineinnahme der Kirchensteuer in die Lohnabrechnung gewisse zusätzliche Unkosten erwachsen — deren Umfang von verschiedenen Umständen wie Größe des Betriebes, Zahl der eine gesonderte Behandlung verlangenden Einzelfälle usw. abhängt —, so handelt es sich doch insgesamt um Belastungen, die als eine mit der beruflichen und gewerblichen Betätigung zusammenhängende öffentliche Auflage erscheinen, die begrenzten Umfanges ist und sich daher innerhalb der vom Bundesverfassungsgericht anläßlich der Beurteilung der Kuponsteuer entwickelten Schranken hält. Das Gericht hat eine solche Heranziehung zu im allgemeinen Interesse liegenden Verwaltungsaufgaben, auch in unentgeltlicher Form, als Regelung der Berufs-

ausübung anerkannt, die in innerem Zusammenhang mit dem Beruf steht (nicht notwendig unmittelbar die Berufstätigkeit betrifft) und die nicht eine unangemessene oder unzumutbare Zusatzbelastung darstellen. Diese Merkmale sind hier gegeben. Der Aufwand, den der Arbeitgeber für die Ausführung des Lohnabzuges allgemein der Finanzverwaltung erbringt, wird in den meisten Fällen nicht in bedeutendem Maße gesteigert, wenn er zusätzlich noch unter den einzubehaltenden Beträgen die Kirchensteuer — die in den meisten Fällen einfach eine prozentuale Weiterberechnung erfordert — miteinsetzt und einbehält[26].

19. In einem Anhang mag noch kurz darauf hingewiesen werden, daß die staatliche Einziehung von Kirchensteuern nicht erst mit der Zeit nach 1945 einsetzt, sondern in Ansätzen bereits viel früher vorhanden war. Als die deutschen Länder Kirchensteuern im Laufe des späteren 19. Jahrhunderts einführten, überließen sie zwar die Festlegung des Steuerbetrages und der Heberolle den kirchlichen Behörden, aber sie übernahmen von Anfang an die Vollstreckung der Bescheide im staatlichen Zwangsverfahren[27].

Der Staat hat also seit jeher seine Zwangsgewalt für die Beitreibung der Kirchensteuern zur Verfügung gestellt, die in den meisten Ländern vor 1914 nach den Grundsätzen des allgemeinen Beitreibungsverfahrens wegen öffentlich-rechtlicher Geldforderungen erfolgte. Da den Kirchen keine eigene Zwangsgewalt zu Gebote stand, trat auch damals bereits der Staat in die Lücke. Dabei wurde davon ausgegangen, daß insoweit die staatlichen Organe staatliche, nicht kirchliche Funktionen erfüllten (vgl. Giese, a.a.O., S. 564). Daß hierbei der Staat nicht staatliche Abgabenansprüche durchsetzte, wurde nicht übersehen. Indes wurde trotzdem das staatliche Handeln als ein solches, nicht als Handeln für die Kirche angesehen.

IV. Artikel 4 GG

20. Auf die aus dem Gesichtspunkt einer Verletzung des Art. 4 GG erhobenen Bedenken gegen das Lohnabzugsverfahren braucht weithin hier nur noch in kurzer thesenartiger Zusammenfassung eingegangen zu werden, da die wesentlichen Fragen schon im vorangehenden Abschnitt erörtert worden sind. Es werden im wesentlichen drei Einwendungen geltend gemacht:

a) Die Religionsfreiheit des Steuerpflichtigen werde berührt, weil er auf der Lohnsteuerkarte seinen Bekenntnisstand offenbaren müsse,

---

[26] Vgl. BVerfGE 22, S. 380, 385 f.
[27] Vgl. *Giese*, a.a.O., S. 76, 120, 269 ff. (für Preußen), 324 (für Württemberg), 446 (für Baden).

ohne daß hierfür eine ausreichende Grundlage vorliege. Diese Auffassung ist bereits in Ziff. 16 eingehend gewürdigt worden. Es hat sich gezeigt, daß die Behörden berechtigt sind, wegen der für den Steuerpflichtigen entstehenden Pflichten — diese sind gesetzliche Pflichten, da sie auf der gesetzlich festgelegten Kirchensteuer beruhen — diese Angabe einzuholen und zur Ausführung des Kirchensteuergesetzes den mit der Durchführung der Steuererhebung betrauten Stellen und Personen — also auch dem Arbeitgeber — mitzuteilen (vgl. auch § 18 AO).

b) Die Religionsfreiheit des Arbeitgebers sei berührt, weil er durch seine Mitwirkung am Lohnsteuerverfahren genötigt werde, einer Religionsgemeinschaft, deren Mitglied er möglicherweise nicht ist, Unterstützung zu verleihen. Es wird hier auf die sog. negative Religionsfreiheit angespielt, die eine Inanspruchnahme für finanzielle Leistungen an die Kirchen ausschließe.

c) Endlich wird aus der Religionsfreiheit abgeleitet, daß der Staat hier entgegen seiner Neutralitätspflicht handele, wenn er sich der Einziehung der Kirchensteuer annehme. Zu diesem Gesichtspunkt ist bereits ausführlich unter III. Stellung genommen worden.

21. Es ist im Vorhergehenden dargelegt worden, daß die Verpflichtung des Arbeitgebers zur Mitwirkung bei dem Lohnabzug der Kirchensteuer seine Religionsfreiheit auch dann nicht berührt, wenn er dabei für Steuern einer Religionsgemeinschaft tätig wird, der er nicht angehört. Entgegen der Auffassung, daß es sich hier um einen Dienst für die Kirchen handele, ist ausgeführt worden, daß zwar die Tätigkeit mittelbar den Religionsgemeinschaften zugute kommt, aber unmittelbar dem Staate gegenüber als eine staatsbürgerliche Verpflichtung gegenüber der Finanzgewalt erbracht wird, die hier Hilfsfunktionen des Arbeitgebers in Anspruch nimmt.

Indessen hat man auch die nur mittelbare Mitwirkung bei der Erhebung kirchlicher Steuern als eine mit Art. 4 GG unvereinbare Verbindlichkeit, als einen Verstoß gegen die von F. Klein entwickelte sog. „negative Finanzierungsfreiheit" (v. Mangoldt-Klein, Grundgesetz Anm. II, 3 zu Art. 4 und ders., Die Verfassungswidrigkeit der Erhebung einer Ortskirchensteuer von juristischen Personen, 1954, S. 263 ff.) ansehen wollen. Indes muß doch auch hier differenziert werden. Eine Freiheit von aktiver finanzieller Leistung für eine Religionsgemeinschaft ist sicherlich in Art. 4 GG verbürgt, sofern damit Leistungen betroffen sind, die unmittelbar durch staatliches Gebot zugunsten der Kirchen auferlegt werden. Um eine solche Leistung, die etwa einer Steuer oder einem Beitrage gleichzusetzen wäre, handelt es sich indes hier nicht. Der Arbeitgeber wird nicht Steuerschuldner der aus dem Einkommen des Arbeitnehmers zu leistenden Steuer, er erbringt also selbst keine finanzielle Leistung, und auch seine Haftung macht ihn nicht zum Schuldner der Kirchensteuer, sondern besteht nur gegenüber dem Staat, wenn er seine Mitwirkungspflichten versäumt. Im vorliegenden Falle könnte nur von einer mittelbaren Unterstützung kirchlicher Zwecke durch die Mitwirkung beim Lohnabzug die Rede sein. Zwischen dem Arbeitgeber und den Kirchen wird keine unmittelbare Beziehung hergestellt. Auch die in der Unentgeltlichkeit der Handlungspflicht liegende Kostenleistung kommt direkt nur dem Staate zugute.

Der Begriff der Religionsfreiheit wird über seine Tragweite erstreckt, wenn man solche mittelbaren Einwirkungen einer Handlung ausreichen ließe, um sie als Beeinträchtigungen der Glaubensfreiheit anzusehen. Gewiß gehört neben der positiven Seite der aktiven Betätigung eines Bekenntnisses zur Freiheit des Art. 4 GG auch eine negative Freiheit, nicht zur Teilnahme an religiösen Handlungen oder zu unmittelbarer Unterstützung der Kirchen genötigt zu werden. Eine nur mittelbare Förderung kann aber nicht ausreichen. Die Religionsfreiheit in ihrer negativen Anwendung kann nicht so weit ausgedehnt werden, daß sie auch Handlungen, die im Randgebiet weltanschaulicher Vorgänge liegen, wie hier die Mitwirkung beim Lohnabzug, in den Schutzkreis einbezieht. Sie würde sonst dazu führen, umgekehrt die positiven Rechte anderer zu beeinträchtigen, in diesem Falle den Anspruch der Religionsgemeinschaften, daß der Staat seiner Pflicht, ihnen zur Einziehung der Steuern Unterstützung zu gewähren, nachkommt. Es würde zu weit gehen, anzunehmen, daß Steuerleistungen, die unmittelbar Religionsgemeinschaften geleistet werden, ohne Bezug auf die Freiheit des Art. 4 GG sind. Aber die Erfüllung einer allgemeinen staatlichen Handlungspflicht, die nur mittelbar kirchlichen Zwecken zugute kommt, kann nicht als eine Beeinträchtigung der Religionsfreiheit anerkannt werden.

Tröger hat darauf hingewiesen, daß das heutige Lohnabzugsverfahren, wenn es auch nicht allein dem Interesse der Arbeitnehmer dient, doch ihnen umgekehrt auch dazu dient, ihre Steuerpflicht auch gegenüber der Kirche zu erfüllen (ZevKR 14, S. 116 f.). Er schließt daraus, daß, selbst wenn man eine Beeinträchtigung der Glaubensfreiheit des Arbeitgebers annehmen wolle, sie gering sei und in der Abwägung mit der Handlungsfreiheit der Arbeitnehmer zurückstehen müsse. Wie immer man die Richtigkeit dieser Ansicht beurteilt, jedenfalls kann eine mittelbare Begünstigung der Kirchen nicht zureichen, um eine Beeinträchtigung der Freiheit des Arbeitgebers anzunehmen. Auch der Steuerschuldner kann sich dem Staate gegenüber nicht darauf berufen, daß die von ihm geleistete Steuer für Zwecke verwendet wird, die er nach seinem Gewissen mißbilligt, etwa für die Verteidigung oder für den Unterhalt von Schulen, deren Gestaltung er von seinem Standpunkt aus ablehnt.

In der Auslegung des Umfangs der Religionsfreiheit muß stets zwischen den Rechten der einen und den — ggf. negativen — Rechten anderer abgewogen werden. Das aus Art. 4 GG zu erschließende Gebot der Toleranz fordert, daß die negative Freiheit des Glaubens nicht soweit erstreckt wird, daß sie das einvernehmliche Zusammenleben durch Kürzung der Rechte anderer einschränkt. Es würde gegen den Grundsatz solcher Toleranz im Zusammenleben in der staatlichen Gemeinschaft verstoßen, wollten sich Staatsbürger weigern, ihnen vom Staate auferlegte allgemeine Pflichten zu erfüllen, weil dies mittelbar anderen weltanschaulichen Gruppen zugute käme. Diese Erwägung führt zu dem Schlusse, daß hier bei der Mitwirkung beim Lohnabzug nicht von einer Tätigkeit gesprochen werden kann, bei der die Beeinträchtigung der religiösen Freiheit von dem Individuum angerufen werden kann. Sonst würde sich eine Tür öffnen, um staatsbürgerlichen Verpflichtungen sich in Berufung auf ihre mittelbare Wirkung zu entziehen.

Es bleibt also festzustellen, daß die unmittelbare finanzielle Leistung an eine Religionsgemeinschaft gegenüber Art. 4 GG nicht zwangsweise durchgesetzt werden darf[28]. Bei dem Lohnabzug aber leistet der Arbeitgeber dem Staate eine ihm von diesem auferlegte Pflicht. Daß ihre Erfüllung mittelbar den Kirchen zugute kommt, kann nicht ausreichend sein, um sie als Beeinträchtigung der Glaubensfreiheit anzusehen. Gegenüber gesetzlich begründeten Pflichten gegenüber dem Staate kann nicht eingewandt werden, daß ihre Erfüllung weltanschaulichen Gemeinschaften zugute komme, denen der Pflichtige nicht angehört[29].

Ein rechtes Verständnis nicht nur des Inhalts der hier auferlegten Leistungspflicht, sondern auch der Tragweite der Religionsfreiheit in ihrer negativen Anwendung innerhalb eines pluralen Gemeinwesens, in dem im Zusammenleben alle Bürger gewisse Rücksichten auf die Einstellung der anderen zu nehmen haben, führt mithin zu dem Ergebnis, daß vorliegendenfalls Art. 4 GG keine Verletzung erfährt.

V. Artikel 2 GG

22. Gegen die Mitwirkungspflicht des Arbeitgebers im Lohnabzugsverfahren wird im Hinblick auf Art. 2 Abs. 1 GG der Einwand erhoben, es werde hier dem Staatsbürger eine Handlungspflicht auferlegt, die nicht zur verfassungsmäßigen Ordnung gehöre (vgl. Rasenack, BB 1968, S. 541). Damit verletze sie den Anspruch des Staatsbürgers, der aus Art. 2 Abs. 1 GG hergeleitet wird, nur auf Grund verfassungsmäßiger

---

[28] *Engelhardt*, a.a.O., S. 100.
[29] *Engelhardt*, a.a.O., S. 199 f.

Vorschriften mit solchen Pflichten belastet zu werden. Die Kirchensteuerpflicht, so wird weiter ausgeführt, sei keine staatsbürgerliche Pflicht. Daher diene die Einziehung der Kirchensteuer nicht dem Gemeinwohl, sondern den partikularen Interessen der steuerberechtigten Religionsgemeinschaften. Das gelte auch dann, wenn der Staat selbst die Einziehung übernommen habe. Er dürfe auch dann nicht unbeteiligte Dritte, die Arbeitgeber, gesetzlich zur Beteiligung an diesem Einzug heranziehen und ihnen damit Arbeit und Kosten auferlegen.

Diese Auffassung wird weder dem von der Rechtsprechung des Bundesverfassungsgerichts entwickelten Sinn des Art. 2 Abs. 1 GG gerecht, noch geht sie von einer zutreffenden Auffassung über die Stellung des Staatsbürgers und die Natur der ihm hier auferlegten Pflicht aus. Zunächst beruht die Darlegung über die verfassungsmäßige Ordnung und ihre Bedeutung innerhalb Art. 2 Abs. 1 GG auf einem Mißverständnis von Ausführungen des Bundesverfassungsgerichts. Zu Art. 2 Abs. 1 GG hat das Gericht in einer ausgedehnten Rechtsprechung eine Anschauung entwickelt, nach der diese Bestimmung über ihre Gewährleistung einer persönlichen Handlungsfreiheit heraus zugleich auch die Grundlagen des Rechtsstaates in Schutz nimmt. Ein Staatsbürger darf nur dann zu Belastungen oder Pflichten seitens des Staates herangezogen werden, wenn diese Eingriffe auf gesetzlichen Vorschriften beruhen, die formell und materiell verfassungsgemäß sind[30].

Dieser Grundsatz, der immer wieder in der Rechtsprechung wiederkehrt, muß indes im Zusammenhang der gesamten Ausdeutung des Art. 2 Abs. 1 GG verstanden werden. Er beruht auf dem Gedanken, daß Art. 2 Abs. 1 GG die Handlungsfreiheit in einem umfassenden Sinne gewährleistet. Zu ihr gehört nicht nur die Freiheit der persönlichen Entscheidung, sondern auch eine personelle und wirtschaftliche Gestaltungsfreiheit. Hinzu tritt das von der Rechtsprechung entwickelte Recht, nicht durch der verfassungsmäßigen Ordnung und dem Rechtsstaatsgebot widersprechende Beschränkungen belastet zu werden, gleich ob diese Maßnahmen durch Gesetz oder durch einzelne Handlungen der Verwaltung auferlegt werden[31].

Aus dieser These ergibt sich, daß das Recht des Art. 2 Abs. 1 GG dann verletzt wird, wenn auferlegte Beschränkungen sich nicht als rechtsgültig erweisen. Art. 2 Abs. 1 GG ist also in dieser Richtung darauf abgestellt, dem einzelnen zu seiner Handlungsfreiheit im persön-

---

[30] BVerfGE 6 S. 32, 38; 9 S. 83, 88; 17 S. 306, 313; 19 S. 206, 215; 19 S. 226, 237; 19 S. 253, 257; 21 S. 1, 3; 23 S. 288, 300; 25 S. 216, 223; 27 S. 1, 7; 27 S. 344, 351; 27 S. 375, 384.
[31] Vgl. BVerfGE 6, S. 32, 38; 6 S. 389, 439; 7 S. 305, 319; 9 S. 7, 169; 20 S. 323, 331.

lichen und wirtschaftlichen Bereich auch die grundrechtliche Sicherung zu bieten, nur in rechtsstaatlich geordneter Form zu Belastungen herangezogen zu werden.

Es kann hier nicht erörtert werden, ob die umfassende Deutung der Handlungsfreiheit, die sich in dieser Rechtsprechung ergeben hat, den eigentlichen Kern des Art. 2 Abs. 1 GG, die Sicherung der freien Persönlichkeit in ihrem auf die Natur des Menschen gerichteten Gehalt, zu stark in den Hintergrund gerückt und den Sinn des Grundrechts in ein freies Handeln im Rahmen der Rechtsordnung gewandelt hat[32].

Eine Begrenzung des Gehalts des Art. 2 Abs. 1 GG auf die Sicherung der engeren persönlichen Lebenssphäre, die den Persönlichkeitsgehalt menschlicher Natur im Hinblick auf die Menschenwürde sichert, findet in der herrschenden Lehre und Rechtsprechung keine Annahme. Allerdings wird auch in der Judikatur des Bundesverfassungsgerichts anerkannt, daß zwischen der allgemeinen Handlungsfreiheit, die Art. 2 Abs. 1 entnommen wird, und diesem Kernbereich ein Unterschied besteht. Dieser innerste Lebensbereich, in dem die freie und selbstverantwortliche Entfaltung der Persönlichkeit selbst im Spiel ist, wird eines besonderen verstärkten Schutzes für habhaft gehalten[33].

In dem angeführten Zitat hebt das Bundesverfassungsgericht einen innersten Raum persönlicher Lebensgestaltung heraus, in dem unmittelbar die Menschenwürde zum Ausdruck kommt und der daher eines erhöhten, absoluten Schutzes bedürftig ist. Um diesen Bereich handelt es sich indessen dort nicht, wo das Grundrecht des Art. 2 Abs. 1 als Garantie der rechtsstaatlichen Ordnung im Sinne der Freiheit von nicht rechtsgültigen Eingriffen gemeint ist. Für diesen, sozusagen mehr äußeren Bereich der Freiheit gilt kein absoluter Schutz. Vielmehr muß gerade hier, wo der Freiheitsraum so ungemein weit ausgedehnt ist, auch umgekehrt die Möglichkeit der Einschränkung weit gezogen werden[34].

---

[32] Vgl. den in Lehre und Rechtsprechung nicht erfolgreichen Versuch von *Hans Peters*, Das Recht auf die freie Entfaltung der Persönlichkeit in der höchstrichterlichen Rechtsprechung (AG f. Forschung des Landes Nordrhein-Westfalen, Geisteswiss. Klasse, Heft 102) 1963, S. 47 ff. und die neuere kritische Stellungnahme von K. *Hesse*, Grundzüge des Verfassungsrechts der Bundesrepublik Deutschland, 3. Aufl. 1969, S. 161 f.
[33] Vgl. BVerfGE 27, S. 1, 6: „Ein solches Eindringen in den Persönlichkeitsbereich durch eine umfassende Einsichtnahme in die persönlichen Verhältnisse seiner Bürger ist dem Staate auch deshalb versagt, weil dem einzelnen um der freien und selbstverantwortlichen Entfaltung seiner Persönlichkeit willen ein ‚Innenraum' verbleiben muß, in dem er ‚sich selbst besitzt' und ‚in den er sich zurückziehen kann' ..." Und in BVerfGE 27, S. 344, 351 heißt es: „Jedoch steht nicht der gesamte Bereich des privaten Lebens unter dem absoluten Schutz des Grundrechts nach Art. 2 Abs. 1 in Verbindung mit Art. 1 Abs. 1 und 19 Abs. 2 GG."
[34] Vgl. *Peters*, a.a.O., 13 f.; *Hesse*, a.a.O., S. 161.

In der Tat hat die Rechtsprechung, indem sie auf der einen Seite den Raum der Handlungsfreiheit grundrechtlich zu einem subjektiven Recht der Nichtbelastung durch Eingriffe, die nicht aus den Schranken des Art. 2 Abs. 1 GG abgeleitet werden können, erweitert, auf der anderen Seite diese Schranken in umfassendem Sinne deuten müssen. Das Bundesverfassungsgericht hat bereits in der Entscheidung Bd. 6 S. 32, 38 ausgesprochen, daß die Handlungsfreiheit — soweit sie nicht durch die Schranken der Rechte anderer oder der guten Sitten begrenzt ist — nur im Rahmen der verfassungsmäßigen Ordnung besteht, daß aber zu dieser verfassungsmäßigen Ordnung — in dem spezifischen Sinne, der ihr in Art. 2 Abs. 1 zu geben ist — die gesamte auf der Verfassung aufbauende Rechtsordnung gehört, mithin alle formell und materiell verfassungsmäßigen Gesetze und die auf sie gestützten gültigen Rechtsnormen. Diese Auffassung ist seither in zahlreichen Entscheidungen festgehalten worden. So wird in BVerfGE 21, S. 1, 3 von dem Grundrecht gesprochen, „nur auf Grund solcher Rechtsvorschriften zur Steuer herangezogen zu werden, die formell und materiell der Verfassung gemäß sind", und dabei wird ausdrücklich auf die im Kirchensteuerprozeß ergangene Entscheidung BVerfGE 19, S. 206, 215 verwiesen[35].

23. Aus diesen Darlegungen ergibt sich, daß der Begriff der verfassungsmäßigen Ordnung nach Art. 2 Abs. 1 die Funktion hat, die allgemeine Handlungsfreiheit in den Rahmen der allgemeinen Rechtsordnung einzufügen. Das Bundesverfassungsgericht hat gerade in neuerer Zeit Anlaß genommen, zu diesem Punkte seine Ansicht von der Stellung des Staatsbürgers deutlich zu formulieren. Im Anschluß an seine Ansicht von dem Menschenbild des Grundgesetzes nicht als das eines isolierten Individuums, sondern einer in der Spannung von Individuum und Gemeinschaft stehenden Persönlichkeit (BVerfGE 4, S. 7, 15) hebt das Gericht hervor, daß der Staatsbürger auch Pflichten gegenüber der Gesamtheit auf sich nehmen muß. So sagt es in dem Urteil vom 16. 7. 1969 (BVerfGE 27, S. 1, 7)[36]:

„Als gemeinschaftsbezogener und gemeinschaftsgebundener Bürger (vgl. BVerfGE 4 S. 7, 15; 7 S. 198, 205; 24 S. 119, 144) muß jedermann die Notwendigkeit statistischer Erhebungen über seine Person in gewissem Umfang, wie z. B. bei einer Volkszählung, als Vorbedingung für die Planmäßigkeit staatlichen Handelns hinnehmen."

Aus diesem Überblick erhellt, inwiefern die hier abgelehnte Auffassung die Funktion der verfassungsmäßigen Ordnung verkannt hat.

---

[35] Vgl. ebenso BVerfGE 27, S. 375, 384 und ferner BVerfGE 25, S. 371, 407: „Die wirtschaftliche Betätigungsfreiheit ist jedoch nur innerhalb der Schranken der verfassungsmäßigen Ordnung gewährleistet. Zur verfassungsmäßigen Ordnung gehört jede formell und materiell verfassungsmäßige Rechtsnorm (BVerfGE 6, S. 32, 38)."
[36] Vgl. auch in BVerfGE 27 S. 344, 351 die gleiche Formel.

Sie nimmt an, es könne bei der Auferlegung der Mitwirkung im Lohnabzugsverfahren für die Kirchensteuer deshalb keine Übereinstimmung mit der verfassungsmäßigen Ordnung vorliegen, weil hier keine staatsbürgerliche Pflicht auferlegt werde. Das ist in mehrfacher Hinsicht irrig. Nach der Rechtsprechung des Bundesverfassungsgerichts zählt zur verfassungsmäßigen Ordnung jede gültige Rechtsnorm, ganz gleich welche Art von Pflicht sie auferlegt. Es kann dies eine Pflicht im Interesse anderer Personen sein (bürgerliche Rücksichtnahme im Zivilrecht), eine Pflicht zu gemeinschaftsbezogenem Verhalten (z. B. im Straßenverkehr), es braucht keineswegs eine staatsbürgerliche Pflicht zu sein. Eine gesetzliche oder gesetzlich ermächtigte Pflicht genügt. Es kommt ebensowenig darauf an, in wessen Interesse eine solche Pflicht auferlegt wird. Sie kann im Interesse der Mitmenschen auferlegt sein, im staatlichen oder öffentlichen Interesse, sie kann auch juristischen Personen zugute kommen, seien es öffentliche Körperschaften (vgl. BVerfGE 10, S. 89, 102; 10 S. 354, 361 f.; 15 S. 235, 239 über Eingliederung in öffentliche Verbände und Beiträge für diese) oder wie im vorliegenden Falle die Religionsgemeinschaften, die insoweit vom Staate eine durch Verfassung und Gesetz begründete Förderung erfahren. Manche scheinen irrtümlich anzunehmen, zur verfassungsmäßigen Ordnung würden nur besondere, im Rahmen allgemeiner staatsbürgerlicher Pflichten auferlegte Belastungen gehören. Das steht aber in Widerspruch zu der im Vorhergehenden dargelegten Rechtsprechung. Wenn solche Stimmen sich dabei auf die Stellungnahme des Bundesverfassungsgerichts vom 14. 12. 1965 beziehen, so übersehen sie, daß das Bundesverfassungsgericht jeweils die betreffenden kirchensteuerlichen Normen, in denen es einen Widerspruch zu Art. 2 Abs. 1 GG erblickte, als gegen das Verhältnis von Staat und Kirche, wie es im Grundgesetz angelegt ist, verstoßend ansah und deshalb einen Widerspruch zum rechtsstaatlichen Prinzip annahm (vgl. BVerfGE 19, S. 206, 216; 19 S. 226, 237). Nicht der Umstand, daß die Kirchensteuer keine staatsbürgerliche Pflicht darstellt, war mithin entscheidend, sondern der Gedanke, daß die Besteuerung von Personen, die nicht Mitglieder der Religionsgemeinschaft sind, vom Staate den Kirchen nicht als Hoheitsrecht verliehen werden darf. Wenn die Kirchen innerhalb des Kreises ihrer Mitglieder Kirchensteuern erheben, hat sogar das Bundesverfassungsgericht bemerkt, daß insoweit die Kirchensteuerpflicht jedenfalls auch als staatsbürgerliche Pflicht angesehen werden könne (BVerfGE 19, S. 206, 221).

Darauf kommt es aber im vorliegenden Falle nicht an. Hier wird eine Pflicht vom Staate als Hilfspflicht für die staatliche Finanzverwaltung auferlegt, die nur mittelbar den Religionsgemeinschaften zugute kommt. Es handelt sich insoweit um eine gesetzliche Pflicht, die rechtmäßig begründet ist. Es müßte nicht, wie eine irrige Ansicht zu meinen scheint, dargelegt werden, daß sie zur verfassungsmäßigen Ordnung gehört, sondern umgekehrt, welche rechtlichen Gründe dafür sprechen, sie als Verletzung von Grundrechten anzusehen. Es ist früher dargetan worden, daß die Auferlegung dieser Mitwirkungspflicht für die Arbeitgeber weder die Prinzipien der staatskirchlichen Ordnung des Grundgesetzes, noch Art. 4 GG beeinträchtigt. Es wird noch darzulegen sein, daß auch Art. 14 und 3 GG nicht berührt werden. Liegen aber keine Gründe vor, weshalb die Vorschrift wegen Verstoßes gegen Verfassungsprinzipien unwirksam sein könnte, so ist sie gültig und demgemäß als Bestandteil der verfassungsmäßigen Ordnung im Sinne des Art. 2 Abs. 1 GG anzusehen. Die Meinung, daß nur staatsbürgerliche Pflichten eine Beschränkung individueller Freiheit begründen dürften, verkennt die gesamten Grundlagen der Rechtsprechung zu Art. 2 Abs. 1 GG. Sie geht auch von einer unrichtigen Vorstellung der Stellung des Staatsbürgers aus, der innerhalb der Rechtsordnung steht und dessen Handlungsfreiheit sich nach Art. 2 Abs. 1, gerade weil sie zunächst unbeschränkt gedacht wird, nur im Rahmen der verfassungsmäßigen Rechtsordnung entfalten kann.

Die für das Gegenteil in Anspruch genommene Stellungnahme vom 14. 12. 1965 bezog sich auf Fälle, in denen die vom Staate verliehene Befugnis, Kirchensteuer zu erheben, gesetzlich auf Personen (juristische Personen und Ehegatten in glaubensverschiedener Ehe) ausgedehnt war, die nicht zu den Mitgliedern der Religionsgemeinschaften gehörten. Demgegenüber ist im vorliegenden Falle, wie bereits eingehend dargelegt wurde, gar keine Pflicht gegenüber einer Religionsgemeinschaft begründet, sondern eine Dienstpflicht gegenüber der staatlichen Finanzverwaltung eines Landes. Als Staatsbürger kann dem Arbeitgeber eine solche im Zusammenhang mit seiner beruflichen Tätigkeit und der Beschäftigung anderer Personen als Arbeitnehmer stehende Belastung auferlegt werden, zumal wenn sie wie hier nur als Erweiterung einer ihm schon allgemein für den Lohnabzug für die Einkommensteuer auferlegten Dienstpflicht erscheint. Ein Verstoß gegen Art. 2 GG kann mithin in dieser Auferlegung nicht gefunden werden.

24. Ein Verstoß könnte nur dann vorliegen, wenn besonders dargetan würde, daß etwa durch diese Auferlegung rechtsstaatliche Grundsätze allgemeiner Art verletzt würden. Das würde indes voraussetzen, daß ein Verstoß gegen die in der Rechtsprechung des Bundesverfassungsgerichts entwickelten besonderen Ausprägungen des Rechtsstaatsprinzips vorläge. Es könnte sich um eine Überschreitung des Grundsatzes der Verhältnismäßigkeit handeln[37].

---

[37] Vgl. BVerfGE 19 S. 342, 348; 22 S. 180, 220; *Häberle*, AöR 95 (1970), S. 107 f.

Indes wird hier dem Arbeitgeber nicht mehr auferlegt, als für die Erreichung des gesetzten Zieles, die Unterstützung der Einziehung der Kirchenlohnsteuer, notwendig ist. Es wird ihm auch kein wirtschaftlich nicht zu tragendes Opfer auferlegt. Das Bundesverfassungsgericht hat bei solchen Belastungen wiederholt ausgesprochen, daß Leistungen, durch die die wirtschaftliche Betätigung eines Unternehmens nicht ernstlich beeinträchtigt wird, keine Beeinträchtigung der Handlungsfreiheit nach Art. 2 Abs. 1 GG darstellen[38].

Auch Verstöße gegen andere rechtsstaatliche Gebote, etwa den Grundsatz der Bestimmtheit der Anordnung (BVerfGE 17, S. 306, 317 und Badura AöR 92 [1967] S. 397) können nicht festgestellt werden. Im Gegenteil läßt sich für die gefundene Lösung der Gesichtspunkt der Sachgerechtigkeit anführen, den das Bundesverfassungsgericht bei einer in manchen Bezügen verwandten Entscheidung, die es mit den Beiträgen für die Industrie- und Handelskammern zu tun hatte, herausgestellt hat. Es hat dort auf die sachgerechte Notwendigkeit der Lösung Bezug genommen (BVerfGE 15, S. 235, 243). Dies Moment kann im vorliegenden Falle im besonderen angeführt werden. Nachdem seit dem ersten Weltkrieg die staatliche Finanzverwaltung bei der Besteuerung des Einkommens der unselbständigen Steuerpflichtigen zur Quellenerfassung, mithin zu der beim Arbeitgeber erhobenen Lohnsteuer übergegangen war, und diese Besteuerung den weitaus größeren Teil der Steuerpflichtigen trifft, war die Beibehaltung einer gesonderten Veranlagung der Lohnsteuerpflichtigen durch die Kirchen mit Schwierigkeiten verbunden und bedeutete eine verwaltungstechnisch umständliche Form der Erhebung. Es war daher nur folgerichtig, wenn nach dem zweiten Weltkrieg bei der Neufassung der staatlichen Kirchensteuergesetze die Lösung gewählt wurde, daß die nunmehr vom Staat übernommene Einhebung der Kirchensteuer sich bei den Lohnempfängern an die staatliche Form der Besteuerung anlehnte, d. h. im Lohnabzugsverfahren erfolgte.

Zwar steht es den Kirchen frei, auch eigene Besteuerungsformen zu entwickeln[39]. Aber wenn die Kirchen hierbei im Einvernehmen mit dem Staate, der den gesetzlichen Rahmen für die Besteuerung schafft, sich für die Form der Zuschläge zur staatlichen Einkommenbesteuerung entscheiden, so ist die Anpassung auch der Formen der Erhebung an die bereits bestehende staatliche Einziehungsform als sachgerecht und zweckentsprechend anzusehen (Mikat, Gedächtnisschrift für H. Peters, 1967, S. 337 f.). Eine andere, selbständige Form der Erhebung würde

---
[38] Vgl. BVerfGE 23 S. 12, 30; 25 S. 371, 407; 27 S. 275, 384.
[39] Vgl. *Marré*, Gedächtnisschrift für H. Peters, 1967, S. 313 f.; *Engelhardt*, a.a.O., S. 28 f.

größere Teile des Aufkommens für Verwaltungszwecke verwenden müssen, eine sowohl für die Steuerpflichtigen wie für die Empfänger der Steuern wenig sinnvolle Lösung[40].

Wenn daher in diesem Zusammenhang der Staat eine ergänzende Mitwirkung der Arbeitgeber in Anspruch nimmt, so liegt darin kein Verstoß gegen rechtsstaatliche Grundsätze, und man wird sogar hier auch von einer im Gemeinwohl liegenden Vorkehr sprechen können, da hiermit sowohl den Interessen der Arbeitnehmer gedient wie ein hoher unnützer Verwaltungsaufwand vermieden wird[41].

25. Es mag schließlich noch darauf hingewiesen werden, daß Art. 2 Abs. 1 GG gegenüber der Heranziehung anderer grundrechtlicher Bestimmungen eine subsidiäre Bedeutung besitzt. Wird eine Verletzung anderer bestimmter Freiheitsrechte behauptet, so könnte bei Verneinung eines Verstoßes gegen diese anderen Rechte eine Anwendung des Art. 2 Abs. 1 GG nur mehr in Frage kommen, wenn nicht der gleiche Verletzungsgrund bei Art. 2 ins Spiel gebracht wird, wie bei dem Einzelgrundrecht (BVerfGE 19, S. 206, 225 und dazu F. Müller, Normbereiche von Einzelgrundrechten in der Rechtsprechung des Bundesverfassungsgerichts, 1968, S. 15). Eine solche Übereinstimmung der für Art. 2 vorgebrachten Rügen mit denen, die hinsichtlich der Einzelgrundrechte vorgebracht wurden, liegt aber hier vor. Selbständige, darüber hinausgehende Beeinträchtigungen rechtsstaatlicher Prinzipien liegen, wie dargetan, nicht vor. Auch aus diesem Grunde führt hier die Anrufung des Art. 2 Abs. 1 GG zu keinem positiven Ergebnis.

VI. Artikel 14 GG

26. Unter den grundrechtlichen Einwendungen gegen das Lohnsteuerverfahren zugunsten der Religionsgemeinschaften nimmt die Berufung auf Art. 14 GG einen bescheidenen Platz ein. Von einer Beeinträchtigung der Arbeitgeber im Sinne des Art. 14 Abs. 3 (Enteignung oder enteignungsgleiche Maßnahme) wird im Rahmen der Einwendungen gegen die Mitwirkung im Zusammenhang mit der Kostenbelastung gesprochen, der sich der Arbeitgeber bei der Erfüllung seiner gesetzlich auferlegten Mitwirkungspflicht ausgesetzt sieht. In der Überbürdung der Aufwendungen für die Erfüllung dieser Dienstpflicht für den Staat möchte die Kritik eine gegen Art. 14 GG verstoßende, mithin eine enteignende Maßnahme sehen. Dabei kann davon ausgegangen werden, daß allgemeine Aussagen über die Kostenbelastung des Arbeitgebers

---

[40] Zum Begriff des Sachgerechten siehe auch *Häberle*, a.a.O., S. 106.
[41] Vgl. *Häberle*, a.a.O., S. 107 f.

schwer zu machen sind. Sie hängt von der Größe des Betriebes, dem Grade der Mechanisierung der Lohnabrechnung und der Zahl der Einzelfälle ab, die besondere Behandlung erfordern.

27. Es muß aber vor allem festgehalten werden, daß die hier angeforderte Leistung dem Staate erbracht wird, nicht den Religionsgemeinschaften. Es ist der Staat, der die von ihm übernommene Verpflichtung, das Einzugsverfahren für die Kirchensteuer zu übernehmen, hier durch diese ergänzende Erweiterung des Lohnabzugsverfahrens durch die Mitwirkung der Arbeitgeber unterstützen läßt. Es handelt sich also unbestreitbar um die Auferlegung einer aus der Finanzgewalt des Staates fließenden Leistungspflicht gegenüber der Finanzverwaltung.

In der Auferlegung einer solchen Dienstleistungspflicht, auch wenn sie unentgeltlich ist — wie dies bei solchen Pflichten gegenüber dem Staate üblich ist —, liegt indessen keine Enteignung, kein Eingriff in das Eigentum der Arbeitgeber im Sinne des Art. 14 GG. Die Merkmale der Enteignung oder eines enteignungsgleichen Eingriffs, wie sie die Rechtsprechung entwickelt hat (BGHZ 6, S. 272 ff. und ferner Kröner, Die Eigentumsgarantie in der Rechtsprechung des Bundesgerichtshofes, 2. Aufl. 1969, S. 12), setzen einen Eingriff in das Eigentum oder sonstige schutzwürdige Vermögenswerte voraus, der in Entziehung oder Beschränkung der Eigentumsverfügung besteht und der dem Betroffenen ein im Verhältnis zu anderen ungleiches Sonderopfer im Interesse des Gemeinwohls auferlegt. Diese Merkmale sind im vorliegenden Falle nicht gegeben.

a) Man kann wohl anerkennen, daß die Inanspruchnahme der Arbeitgeber zu dieser Dienstleistung dem Gemeinwohl entspricht. Sie erweist sich als eine Unterstützung der Finanzverwaltung, die auch im Interesse der beteiligten Steuerpflichtigen liegt.

b) Es fehlt dagegen das Merkmal einer Entziehung von Eigentum, und auch einer Beschränkung von Eigentum. Es wird lediglich eine Belastung auferlegt, die eine dem Eigentum innewohnende Bindung verwirklicht und zur Geltung bringt (Art. 14 Abs. 2).

c) Endlich liegt kein Sonderopfer vor. Es werden nicht einzelne Arbeitgeber betroffen, sondern alle diejenigen, die Arbeitnehmer haben, die kirchenlohnsteuerpflichtig sind. Das dürfte die große Mehrzahl sein. Die Abgrenzung der somit von Belastung erfaßten Gruppe zeigt aber keinerlei Merkmale eines Sonderopfers. Sie ist sachgerecht, umfaßt alle in der gleichen Lage befindlichen Personen und ergibt sich aus der obliegenden Aufgabe. Der Unterschied zu anderen Personen und Gruppen, die nicht Gewerbebetriebe führen und keine Arbeitnehmer beschäftigen, ist einleuchtend und sachlich gegeben.

Der Eigentümer muß damit rechnen, daß er vom Staate auf Grund seines Eigentums zu gewissen, die Substanz dieses Eigentums nicht wesentlich belastenden Aufwendungen herangezogen werden kann. Das gilt auch für den zum Eigentum zu rechnenden selbständigen Gewerbebetrieb (oder die Berufsausübung), die hier der Inanspruchnahme zugrunde liegt. Die Kostenlast, die hier überbürdet wird, kann mit einer Steuer oder Abgabe verglichen werden, und die hierfür entwickelten Grundsätze erscheinen anwendbar. Die Auferlegung von Geldleistungen läßt nach der ständigen Rechtsprechung des Bundesverfassungsgerichts die Eigentumsgarantie grundsätzlich unberührt[42].

Wie der Bayerische Verfassungsgerichtshof ausgesprochen hat (VerfGH 20 II, S. 171, 182), stellt eine öffentlich-rechtliche Dienstpflicht, wie sie hier den Arbeitgebern auferlegt wird, keine Eigentumsbeschränkung dar. Eine durch die Aufwendung der Kosten herbeigeführte begrenzte Minderung des Ertrages bei den Arbeitgebern fällt nicht unter die Enteignung, sondern muß als Geltendmachung der dem Eigentum anhaftenden Sozialbindung angesehen werden[43].

Eine Enteignung könnte nur vorliegen, wenn der Grundsatz der Verhältnismäßigkeit zwischen dem gesetzten Ziel und der Aufwendung nicht gewahrt wäre (vgl. BVerfGE 24, S. 367, 404). Davon kann hier keine Rede sein. Der erforderliche Aufwand ist begrenzt, schließt sich an an sich schon auferlegte Mitwirkungspflichten an und ist somit auf den geringstmöglichen Betrag begrenzt. Es wird nicht in die Substanz des Betriebes eingegriffen oder eine besonders schwere oder unzumutbare Belastung auferlegt[44].

Es bedarf nach alledem keiner weiteren Darlegung, um zu erweisen, daß hier eine Beeinträchtigung im Sinne des Art. 14 GG nicht vorliegt.

---

[42] BVerfGE 4 S. 7, 17; 8 S. 274, 330; 10 S. 89, 116; 10 S. 354, 371; 11 S. 105, 126; 14 S. 221, 241; 19 S. 119, 128/29.
[43] Vgl. BVerfGE 16 S. 147, 187 (Beschränkungen des Werkfernverkehrs).
[44] Vgl. BVerfGE 13, S. 225, 230: „Damit wird nicht in die Substanz des Betriebes eingegriffen. Es würde sich allenfalls um eine Bestimmung von Grenzen und Inhalt des Eigentums handeln, die sich nicht dadurch, daß sie eine gewisse Minderung der Rentabilität zur Folge hat, in eine unzulässige Enteignung verwandeln" (Zum Ladenschlußgesetz). In dem vergleichbaren Fall der Kuponsteuer (BVerfGE 22 S. 380, 386) hat das Bundesverfassungsgericht ausgeführt: „Auch Art. 14 GG ist durch die Verpflichtung zur unentgeltlichen Dienstleistung nicht verletzt. Es kann dahinstehen, ob eine Berufsausübungsregelung, die mit Art. 12 Abs. 1 GG im Einklang steht, überhaupt den Schutzbereich des Art. 14 GG berührt (BVerfGE 17 S. 232, 248). Eine derartig begrenzte Inanspruchnahme privater Unternehmen im öffentlichen Interesse, die sich allenfalls in einer geringfügigen Minderung ihrer Rentabilität niederschlägt, hält sich, wenn sie überhaupt an Art. 14 GG zu messen ist, jedenfalls in dem Bereich der Inhaltsbestimmung des Eigentums (Art. 14 Abs. 1 GG), die grundsätzlich dem Gesetzgeber anheimgegeben ist (BVerfGE 13 S. 225, 229, 230; 16 S. 147, 187)."

Auch Ipsen (Um Recht und Gerechtigkeit, Festgabe für Erich Kaufmann, 1950, S. 154 ff.), der sich als einziger mit der mit solchen Dienstpflichten verbundenen Kostenlast näher befaßt hat, erkennt an, daß hier keine Enteignung vorliegt (a.a.O., S. 155). Wenn er dann versucht hat, aus dem Gesichtspunkt der Geschäftsbesorgung im öffentlichen Recht Ansprüche der beteiligten Privaten gegen den auferlegenden Staat zu entwickeln, so ist diese Ansicht nicht durchgedrungen und steht allein. Die Rechtsprechung und Rechtspraxis sind ihr nicht gefolgt.

Es kann daher abschließend festgestellt werden, daß kein Verstoß gegen Art. 14 GG vorliegt.

VII. Artikel 3 GG

28. Zu den Merkmalen der Enteignung gehört auch die ungleiche Belastung der Betroffenen gegenüber anderen Personen oder Gruppen. Von dort spannt sich der Bogen hinüber zu der Behauptung einer Verletzung des Art. 3 GG durch das Lohnabzugsverfahren. Die Ungleichheit der auferlegten Pflicht und Kostenbelastung wird vor allem in zwei Hinsichten behauptet:

a) Die einzelnen Arbeitgeber würden durch die Mitwirkung im Lohnabzugsverfahren unterschiedlich belastet, da je nach der Zusammensetzung der Arbeitnehmerschaft mehr oder weniger Einzelfälle bei der Bearbeitung auftreten, in denen besondere Erfassungsvorgänge nötig werden, die damit die Belastung des Arbeitgebers erhöhen.

b) Darüber hinaus wird der Einwand erhoben, daß bereits die Einkommensteuer, an die sich die Kirchensteuer anlehnt, Ungleichheiten aufweise, so namentlich in der Freistellung der Diäten der Parlamentarier von der Einkommensteuer und der unterschiedlichen Behandlung (nach der Steuerklasse) der Witwen mit Kindern und der geschiedenen Frauen mit Kindern.

Eine kurze Betrachtung ergibt, daß diese Beanstandungen einer Grundlage entbehren.

Die Gruppe der Arbeitgeber, die zur Tragung der Last der Mitwirkung im Lohnabzugsverfahren herangezogen wird, ist sachgerecht abgegrenzt. Daß innerhalb einer verhältnismäßig so großen und in sich differenzierten Gruppe die Auswirkung der Belastung gewisse Unterschiede aufweist, berührt die grundsätzliche Tatsache nicht, daß die herangezogene Gruppe als solche richtig abgesteckt ist und Gründe für eine Differenzierung innerhalb ihres Bereiches nicht erkennbar sind. Es genügt aber nach der Rechtsprechung des Bundesverfassungsgerichtes, daß eine Regelung für eine ganze Gruppe grundsätzlich einheitlich gestaltet wird, sofern die Bemessung der ganzen Regelung durch sachliche Gründe getragen wird[45].

Gerade bei Massenvorgängen, die der Gesetzgeber zu regeln hat, ist es ihm unbenommen, eine praktikable Ausgestaltung durch Typisierung und eine gewisse Vernachlässigung der Besonderheiten von Gruppen zu erreichen[46].

Das muß auch hier gelten. Unter den einzelnen Arbeitgebern mag sich in der Tat, je nach Größe des Betriebes und je nach der Zahl der Mehraufwand fordernden Fälle beim Lohnabzug der Arbeitnehmer (konfessionsverschiedene Ehen usw.), ein etwas verschiedener Arbeitsaufwand ergeben. Das rechtfertigt aber nicht, von einer Ungleichheit als Verstoß gegen Art. 3 GG zu sprechen. Das wäre erst dann der Fall, wenn für die Regelung kein vernünftiger Grund zu finden wäre, wenn willkürlich Gleiches ungleich oder Ungleiches gleich behandelt würde[47].

Im vorliegenden Fall liegen für eine einheitliche Heranziehung aller Arbeitgeber zureichende sachliche Gründe vor. Daß dies sich mit gewissen Unterschieden wirtschaftlich auswirkt, steht der Gleichbehandlung nicht entgegen.

29. Fehlgehend erscheint der zweite Einwand. Die Gültigkeit der Vorschrift über das Verfahren des Lohnabzuges mit der Auferlegung der Mitwirkung für die Arbeitgeber wird durch Mängel des materiellen Kirchensteuerrechts nicht berührt. Es handelt sich bei den gerügten Mängeln auch gar nicht um solche des Kirchensteuerrechts, sondern um Regelungen des Einkommensteuerrechts, an die sich die Kirchensteuer anlehnt.

Überdies sind sie aber auch materiell unbegründet. Man mag an der finanziellen Regelung für die Abgeordneten Kritik üben; daß ihre Einkünfte aus ihrer parlamentarischen Tätigkeit eine besondere Form von Vergütungen darstellen, ist ohne weiteres einsichtig. Wenn für sie Steuerfreiheit gewährt wird, so ist das mithin nicht willkürlich, sondern durch sachliche Erwägungen begründet, die man vielleicht kritisieren könnte, die aber keinen Vorstoß gegen die Bestimmungen des Art. 3 GG darstellen. Bei dem Unterschied in der Zuteilung der Witwen und der geschiedenen Mütter in der Steuerklasse II und III handelt es sich um eine Regelung des Einkommensteuerrechts, die ihre Rechtfertigung darin findet, daß Witwen im allgemeinen einem höheren Lebensalter angehören und mehr zu begünstigen sind als die geschie-

---

[45] BVerfGE 13 S. 331, 341; 21 S. 12, 27; 27 S. 58, 68.
[46] BVerfGE 13 S. 331, 341; 23 S. 12, 27; 23 S. 1, 8.
[47] BVerfGE 23 S. 50, 60; 25 S. 101, 108; 25 S. 269, 293; 27 S. 142, 149.

denen Frauen, die zuweilen sehr jung sind und daher hinsichtlich der Zuweisung zu einer Steuerklasse keine besondere Rücksicht fordern können.

Es erweisen sich daher auch die aus Art. 3 GG abgeleiteten Einwendungen gegen § 9 Abs. 2 Hess. KiStG als unbegründet[48].

VIII. Zur Gesetzgebungskompetenz von Bund und Ländern zur Kirchensteuer

30. Eine letzte Frage zur Wirksamkeit des § 9 Abs. 2 Hess. KiStG betrifft endlich seine Vereinbarkeit mit der Kompetenzverteilung von Bund und Ländern. Diese Frage ist von Sälzer in einem Aufsatz in NJW 1970, S. 169 ff., erörtert worden. Sucht man den Darlegungen Sälzers die rechtlichen Kernpunkte zu entnehmen, so werden zwei Einwendungen erhoben.

a) Einmal wird — unter Hervorhebung der ausschließlichen Zuständigkeit der Länder zur Regelung der Kirchensteuer — hervorgehoben, daß für die Landessteuern das Verbot gelte, sie gleichartig mit denen des Bundes auszugestalten. Dies Verbot der gleichartigen Gestaltung werde verletzt, wenn die Länder das Einzugsverfahren an das bundesrechtlich geregelte Lohnabzugsverfahren anlehnten. Die Verwendung eines dem Einzugsverfahren der Einkommensteuer gleichartigen Verfahrens verletze das Verbot der Gleichartigkeit. Die inhaltliche Übereinstimmung der Kirchensteuer mit der Einkommensteuer wird von Sälzer (NJW 1970, S. 172) ebenfalls beanstandet.

b) Im besonderen werden Einwendungen auch dagegen erhoben, daß der Bund bei der Regelung des Inhalts der Lohnsteuerkarte die Eintragung der Religionszugehörigkeit vorschreibe. Der Bund benötige diese Angabe nicht für seine Besteuerung. Er fordere diese Rubrik nur im Blick auf die landesrechtlich geregelte Kirchensteuer. Damit aber überschreite er seine, des Bundes, Kompetenz, da die Regelung der Kirchensteuer einschließlich des Verfahrens den Ländern zustehe. Es fehle für die Anordnung des Bundes, die im übrigen auch für nicht gültig gehalten wird, an einer Rechtsgrundlage, die die Aufnahme der Religionszugehörigkeit in die Lohnsteuerkarte erlaube.

31. Bevor auf die hier bezeichneten Fragen eingegangen wird, erscheint es zweckmäßig, einen kurzen Ausblick auf die Rechtsgrundlagen der Kirchensteuer im Bundes- und Landesrecht im allgemeinen zu werfen. Es ist bereits oben in Ziff. 19 dargelegt worden, daß sich die Ausgestaltung der Kirchensteuer, sowohl was ihre materielle Ordnung wie

---

[48] In diesem Sinne auch *Rasenack*, a.a.O., S. 541.

ihre verfahrensrechtliche Gestaltung anlangt, allmählich seit dem 19. Jahrhundert entwickelt hat. Bei der Einführung der Kirchensteuer traten allein die Länder in Erscheinung, die die Religionsgemeinschaften ermächtigten, Steuern zu erheben, die in der Regel als Zuschläge zu staatlichen Steuern vom Einkommen, vom Grundbesitz oder Gewerbe ausgestaltet waren[49].

Es mag hinzugefügt werden, daß in der älteren Zeit die Kirchensteuer zumeist als Ortskirchensteuer erhoben wurde, um örtliche Bedürfnisse zu befriedigen, während die Landeskirchen (Diözesen) und andere Kirchenverbände auf Umlagen angewiesen blieben[50].

Indessen gewährte die Gesetzgebung z. B. in Preußen (vgl. Giese, S. 79 ff.) schon am Ausgang des 19. Jahrhunderts entweder den höheren kirchlichen Verbänden ein Besteuerungsrecht oder regelte die Gestaltung der Umlagen.

In dieser älteren Periode begrenzte sich die staatliche Regelung des Kirchensteuerrechts einmal auf die staatliche Grundsatzregelung des Kirchensteuerrechts — die in den einzelnen Ländern verschieden weit ging und zumeist ergänzende kirchliche Rechtsvorschriften nötig machte (vgl. Giese, a.a.O., S. 84 f., 493 ff.) — und zum anderen auf die Bereitstellung der staatlichen Zwangsgewalt — in der Regel in der Form des öffentlichen Verwaltungszwangsverfahrens — für die Beitreibung dieser Steuern. Der allgemeinen Kompetenzverteilung entsprechend blieb die gesamte Materie bis 1918 landesrechtlich, zumal bis dahin auch die direkten Steuern landesrechtlich geregelt waren[51].

Bis 1918 unterhielten die Kirchen auch durchweg eigene Stellen, die auf Grund der Gesetze und der Steuerbeschlüsse kirchlicher Organe die Steuerfestsetzung im Einzelfall ausführten[52].

32. Die Verhältnisse änderten sich eingreifend mit dem Erlaß der Weimarer Verfassung. Das gilt schon im Blick auf das zugrunde liegende staatliche Recht. Mit der neuen Rechtsordnung ging auch die Gesetzgebung über die Einkommenbesteuerung auf das Reich über, und ebenso die gesamte Finanzverwaltung. Zugleich führte man im Einkommensteuergesetz vom 20. 3. 1920 (RGBl. I S. 359), §§ 45—52, erstmals die Abführung der Einkommensteuer für Arbeitnehmer durch den Arbeitgeber ein. Diese Vorschriften traten gemäß der VO über das

---

[49] Vgl. *Giese,* Kirchensteuerrecht 1910/1965, S. 21 ff.; *G. Böhlig,* System und Probleme des Kirchensteuerrechts, 1964, S. 4 ff.
[50] Vgl. *Giese,* a.a.O., S. 55 ff.; *Böhlig,* S. 7.
[51] Vgl. *Böhlig,* S. 12.
[52] *Giese,* S. 509 ff., 558 ff. Zu Ausnahmefällen der Wahrnehmung des Besteuerungsrecht zu kirchlichen Zwecken durch die politischen Gemeinden (Pfalz, Braunschweig) dort S. 474 ff.

Inkrafttreten der Vorschriften der §§ 45—52 EStG vom 21. 5. 1920 (RGBl. I S. 1933) mit dem 25. Juni 1920 in Kraft. Seitdem besteht im staatlichen Bereich das Lohnabzugsverfahren, das naturgemäß seither sehr verfeinert und vervollkommnet worden ist.

Was das Kirchensteuerrecht anlangt, so wurde es nunmehr in Art. 137 Abs. 6 WeimRV auf eine reichsrechtliche Grundlage gestellt, indem das Reich eine verfassungsmäßige Gewährleistung des Besteuerungsrechts derjenigen Religionsgemeinschaften, die Körperschaften des öffentlichen Rechts sind, übernahm. Dadurch war klargestellt, was auch bisher bereits Rechtsbestand hatte. Die Kirchensteuer stellt eine für Staat und Kirche gemeinsame Angelegenheit dar[53].

Das Recht zur Besteuerung, das der Staat den Kirchen verleiht, ist ein staatliches Hoheitsrecht. Seine Grenzen und sein Gehalt bestimmen sich daher nach den Grundsätzen des staatlichen Rechts. Der Staat ist gemäß Art. 137 Abs. 6 WeimRV verpflichtet, den Kirchen dies Besteuerungsrecht zu gewähren und es durch seine Vollstreckungsgewalt zu sichern. Es steht dabei dem Staate offen, die Regeln des kirchlichen Steuerrechts selbst zu bestimmen oder ihre Festlegung der kirchlichen Gesetzgebung zu überlassen. Auch in der Gegenwart legen einzelne Kirchensteuergesetze der Länder mehr Einzelheiten fest, während in anderen Ländern den Kirchen ein größerer Raum für ihr Recht überlassen bleibt[54].

Es steht den Kirchen frei, die Form der Besteuerung zu wählen; sie könnten auch Steuern nach einem von staatlichen Steuern unabhängigen Maßstab erheben. Aber praktisch haben sich seit langem Kirchensteuern an die Maßstäbe staatlicher Abgaben angelehnt. Daher verpflichtet Art. 137 Abs. 6 WeimRV den Staat, den Kirchen die nötigen Unterlagen, die „bürgerlichen Steuerlisten", zugänglich zu machen[55].

Diese in der Weimarer Verfassung festgelegten Grundsätze, die in das Grundgesetz 1949 übernommen wurden, geben der praktischen Ausgestaltung des Kirchensteuerrechts einen beweglichen Rahmen. Sowohl was die Rechtsetzung anlangt, wie die Einziehung, kann der Anteil des Staates größer oder geringer bemessen sein. Nach 1919 kam es dazu, daß — von einigen Fällen, z. B. Bayern, abgesehen — die Einziehung der Kirchensteuern auf die staatliche Finanzverwaltung von den Kirchen übertragen wurde. Die Grundlage hierfür bilden Gesetzes-

---

[53] Vgl. *Giese*, S. 489 ff.; *P. Mikat*, Gedächtnisschrift für H. Peters, 1967, S. 346 f.; *Marré*, ebendort S. 315 f.; *Engelhardt*, a.a.O., S. 16; BVerfGE 19 S. 206, 217.
[54] Vgl. *Marré*, S. 316; *Engelhardt*, S. 27 ff.
[55] Vgl. BVerfGE 19 S. 206, 218; *Marré-Hoffacker*, Das Kirchensteuerrecht in Nordrhein-Westfalen 1969, S. 228 ff.; *Böhlig*, a.a.O., S. 59 ff.

bestimmungen (§ 19 AO damaliger Fassung) und Abmachungen. Im einzelnen bestanden viele Unterschiede[56].

Das Lohnabzugsverfahren wurde noch nicht allgemein für die Kirchensteuer übernommen. Die kirchliche Besteuerung blieb damit — mit allen damit verbundenen Nachteilen — an die Nachbesteuerung auf Grund vorjähriger Grundlagen gebunden. Nur in einer Reihe von Fällen schritten die Kirchen dazu, durch Vereinbarung mit Arbeitgebern einen Abzug vom Arbeitslohn zu erreichen, und in einigen Ländern wurde auch für die Kirchensteuer das Lohnabzugsverfahren angewandt[57].

33. Nach 1945 traten erneut Änderungen ein, die vor allem in der Neugestaltung des Verhältnisses von Bund und Ländern ihre Ursache hatten. Die verfassungsrechtliche Grundlage in Art. 137 Abs. 6 WeimRV blieb unberührt. Doch wurde die Zuständigkeit zur Gesetzgebung über die Steuern neu in Art. 105 GG geregelt, die Finanzverwaltung ging gemäß Art. 108 GG für die Einkommensteuer wieder auf die Länder über, und es wurden in allen Ländern neue Gesetze über die Kirchensteuer erlassen. Sie sahen durchweg vor, daß die Verwaltung und Einziehung der Kirchensteuern der Finanzverwaltung übertragen werden konnte und legten für diesen Fall die Verpflichtung der Arbeitgeber fest, bei dem Lohnabzugsverfahren für die Kirchensteuer mitzuwirken. In der Tat haben die evangelischen Kirchen und die katholischen Diözesen von dieser Möglichkeit der Übertragung der Verwaltung der Kirchensteuer fast durchweg Gebrauch gemacht. Nur in Bayern wird die Einkommensteuer (die Lohnsteuer ist auch dort den Finanzämtern übertragen[58]) bei der Landeskirche und den katholischen Diözesen durch eigene Behörden verwaltet. Württemberg, wo die evangelische Landeskirche diese Linie auch verfolgte, hat sie 1955 aufgegeben[59].

Die administrativen Vorzüge dieser Regelung, nach der die Kirchensteuer, die sich in der Hauptsache an die staatliche Einkommensteuer anlehnt, als Zuschlag zu den Einkommen- und Lohnsteuerbeträgen erhoben, berechnet und eingezogen wird, liegen auf der Hand. Sie ermöglicht einmal den Kirchen wie dem Staat Anschluß an die laufende Einkommensgestaltung zu gewinnen, sie erleichtert den staatlichen Finanzbehörden, die sonst den Kirchen Unterlagen für die Besteuerung herstellen müßten, ihre Arbeit, und sie wirkt sich auch für die Steuerpflichtigen, bei denen Zwangsbeitreibeverfahren vermieden werden,

---
[56] Vgl. *Böhling*, S. 16 f.; *Gefaeller*, ZevKR 1 (1951) S. 297; *Engelhardt*, S. 182 f.
[57] Vgl. zur Entwicklung in der Weimarer Zeit und nach 1933 *Böhlig*, S. 19 f.; *Engelhardt*, S. 196 f.
[58] Vgl. *Karg*. Kirchensteuerrecht in der Evang.-Luth. Kirche in Bayern, 2. Aufl. 1969, S. 27.
[59] Vgl. *Böhlig*, S. 162 ff.; *Gefaeller*, a.a.O., S. 98 f., 399 f.

vorteilhaft aus. Der Übergang zu einer eigenen kirchlichen Verwaltung würde dort, wo sie noch nicht besteht, einen erheblichen Verwaltungsaufwand bedingen, den Arbeitsmarkt belasten und beträchtliche Teile des Aufkommens für eine vermeidbare Verwaltungstätigkeit in Anspruch nehmen.

34. Nach der Regelung, wie sie die inzwischen durch die 21. Novelle zum Grundgesetz vom 21. 5. 1969 (BGBl. I S. 359) geänderte alte Fassung des Art. 105 GG enthielt, war die Kirchensteuer nicht in diese Regelung des Art. 105 GG einbezogen. Sie fiel nicht unter die ausschließliche und auch nicht unter die nach Gegenständen aufgeführte konkurrierende Gesetzgebung des Bundes. Da Art. 105 keine abschließende Verteilung der Gesetzgebungszuständigkeit vornahm, trat insoweit der allgemeine Grundsatz des Art. 70 GG in Geltung. Die nicht dem Bunde zugewiesene Gesetzgebungsbefugnis blieb bei den Ländern. Sie behielten einen geringen Bereich eigener ausschließlicher Steuergesetzgebung[60].

Es konnte dabei dahingestellt bleiben, ob die Kirchensteuer deshalb der Landesgesetzgebung zustand, weil sie in Art. 105 nicht für den Bund aufgeführt war oder deshalb, weil für sie kraft der besonderen Verfassungsbestimmung des Art. 137 Abs. 6 WeimRV in Verbindung mit Art. 140 GG eine gesonderte Zuweisung an die Landesgesetzgebung („nach Maßgabe der landesrechtlichen Bestimmungen") vorlag. Die einzige hierzu vorliegende literarische Äußerung, der Kommentar von Maunz-Dürig-Herzog, nahm das letztere an[61].

Die gleiche Meinung hat auch der Bundesfinanzhof in seiner Entscheidung vom 28. 2. 1969 — VI R 163/67 — vertreten. Es erscheint zweckmäßig, die wesentlichen Darlegungen aus dieser Entscheidung hier anzuführen (vgl. Abdruck in NJW 1969, S. 2031, und Der Betrieb 1969, S. 1089):

„In Art. 137 Abs. 6 WeimRV, der nach Art. 140 GG Bestandteil des Grundgesetzes ist, ist den Religionsgemeinschaften das Recht der Steuererhebung gewährleistet nach Maßgabe der landesrechtlichen Vorschriften. Dieser Art. 137 Abs. 6 ist vollgültiges Verfassungsrecht der Bundesrepublik und steht nicht auf minderer Stufe (BVerfG 1 BvR 413 bis 416/60, NJW 1966, S. 147). Danach ist für die Kirchensteuer nach ausdrücklicher Anordnung ausschließlich die Landesgesetzgebung zuständig. Der Bundesgesetzgeber kann in den Bereich der ausschließ-

---

[60] Vgl. *Wacke*, Das Finanzwesen der Bundesrepublik, 1950, S. 22 ff.; *Hettlage*, VVDStRL 14 (1956), S. 22 f.; *Meilicke*, Festschrift für O. Bühler, 1954, S. 108; *Maunz-Dürig-Herzog*, Grundgesetz, Ausg. 1964 Rdnr. 41 zu Art. 105; BVerfGE 16 S. 68, 78.
[61] Rdnr. 43 zu Art. 106 alter Fassung.

lichen Landesgesetzgebung nicht einwirken und die Erhebung von den Bundessteuern gleichartigen Landessteuern nicht verhindern (Maunz-Dürig Art. 105 Rdnr. 49). Vielmehr machen die Länder nur von der ihnen vom Grundgesetz verliehenen Befugnis Gebrauch, wenn sie die Kirchensteuer an das Einkommen der Kirchenangehörigen anknüpfen.

Die Zulässigkeit der Anknüpfung an das Einkommen ergibt sich zudem unmittelbar aus dem in Art. 137 Abs. 6 markierten Recht der Religionsgesellschaften, Kirchensteuern ‚auf Grund der bürgerlichen Steuerlisten' zu erheben. ‚Bürgerliche Steuerlisten' im Sinne dieser Bestimmung sind die amtlichen Zusammenstellungen der Ergebnisse der Veranlagung zu den Bundes-, Landes- und Gemeindesteuern (Anschütz, Reichsverfassung Art. 137, Anm. 11). Derartige Listen werden insbesondere für die Einkommensteuer geführt. Indem der Gesetzgeber den Religionsgemeinschaften den Gebrauch der Listen uneingeschränkt zuerkannt hat, hat er ihnen das Recht zugebilligt, Kirchensteuern als Zuschlag zur Einkommensteuer zu erheben, eine Möglichkeit, von der auch § 18 AO ausgeht.

Art. 105 GG, der nur das Verhältnis von Bund und Ländern regelt, ist unter dem Vorbehalt des Art. 140 GG, 137 WeimRV geschaffen worden. Im übrigen steht die Kirchensteuer auch insoweit außerhalb der vom Grundgesetz vorgesehenen Steuerordnung als ihr Aufkommen nicht wie das der anderen in Art. 105 GG genannten Steuern dem Bunde, den Ländern und den Gemeinden zufließt, sondern den Religionsgesellschaften.

Auch das Bundesverfassungsgericht hat, worauf der Beklagte zu Recht hinweist, bisher keine verfassungsrechtlichen Bedenken darin gefunden, daß der Landesgesetzgeber die Kirchensteuer nach der Einkommensteuer bemißt. In dem Beschluß 1 BvR 16/66 vom 20. 4. 1966 (BStBl. 1966 I 694) heißt es wiederholt, die Kirchensteuer werde aus dem Einkommen berechnet. Wenngleich das Bundesverfassungsgericht nicht wegen dieser Frage angerufen worden ist, hat es doch inzidenter die Verfassungsmäßigkeit der Verknüpfung von Einkommen- und Kirchensteuer bejaht. Der Staat hat die Autonomie der Kirchen in Art. 140 GG in Verbindung mit Art. 137 Abs. 3 WeimRV verfassungsrechtlich garantiert. Nach Art. 137 Abs. 3 WeimRV ordnet jede Religionsgesellschaft ihre Angelegenheiten selbständig innerhalb der Schranken des für alle geltenden Gesetzes. Damit ist ihre Eigenständigkeit und grundsätzliche Unabhängigkeit vom Staat anerkannt (BGHZ 22, S. 387). Gegenstand der Selbstbestimmung bilden die eigenen Angelegenheiten der Religionsgesellschaften, d. h. die ihrer Natur nach innerkirchlichen Angelegenheiten, die aber nicht auf den rein geistigen Bereich beschränkt sind. Zu den eigenen Angelegenheiten wird auch die kirchliche Vermögensverwaltung einschließlich der kirchlichen Vermögensbildung gerechnet, weil kirchliche Selbstbestimmung nur dann wirksam gewährleistet ist, wenn sie auch die Selbstbestimmung in Sachen der Vermögensbildung umfaßt (Geller-Kleinrahm, Verfassung des Landes NW, 2. Aufl. 1963, S. 143; Marré, Gedächtnisschrift H. Peters, S. 317). Dies wird selbst im Hinblick darauf bejaht, daß die Erhebung der Kirchensteuer in einigen Ländern — wie auch in Nordrhein-Westfalen — von den Finanzämtern übernommen worden ist und dann damit eine staatliche Angelegenheit bildet."

In die gleiche Richtung weist auch eine Bemerkung des Bundesverfassungsgerichts in seiner Entscheidung vom 14. 12. 1965. Es sagt dort (BVerfGE 19, S. 206, 217):

„Dieses Recht schließt die Verpflichtung des Staates ein, die Voraussetzung für die Steuererhebung durch den Erlaß von Landesgesetzen zu schaffen und dabei die Möglichkeit einer zwangsweisen Beitreibung vorzusehen."

35. Durch die Änderung des Art. 105 GG durch die Novelle zum Grundgesetz vom 21. 5. 1969 ist das Gesetzgebungsrecht des Bundes auf dem Steuergebiet zwar für die ausschließliche Gesetzgebung (Art. 105 Abs. 1) unverändert geblieben, für die konkurrierende Gesetzgebung indes erheblich erweitert worden, indem der Bund nun die konkurrierende Gesetzgebung über alle übrigen Steuern beanspruchen kann, wenn ihm das Aufkommen ganz oder zum Teil zusteht oder die Voraussetzungen des Art. 72 Abs. 2 GG vorliegen. Der letztere Fall — Vorliegen einer der Fälle des Art. 72 Abs. 2 GG — läßt es als denkbar erscheinen, in Art. 105, zumal nunmehr auch das Feld der Gesetzgebung der Länder näher in Abs. 2a bezeichnet ist, eine abschließende Regelung zu erblicken. Dann würde nach dieser Vorschrift auch die Kirchensteuer in dies System fallen, und es würde dem Bunde unter der Voraussetzung, daß die Bedingungen des Art. 72 Abs. 2 GG erfüllt sind, zustehen, auch seinerseits die Kirchensteuer gesetzgeberisch zu regeln.

Diese Ansicht wird nunmehr in einer im Erscheinen begriffenen Kommentierung zu Art. 105 n. F. Rdnr. 24 von Maunz-Dürig-Herzog vertreten.

Für diese Auffassung kann angeführt werden, daß Art. 105 GG nach übereinstimmender Auffassung den allgemeinen Steuerbegriff des Steuerrechts zugrunde legt, dem auch die Kirchensteuer unterfällt (vgl. BVerfGE 3 S. 407, 435; 7 S. 244, 251).

Die in § 1 AO gegebene Steuerdefinition darf demgemäß auch für die Auslegung des Grundgesetzes herangezogen werden. Für sie spricht ferner, daß in Art. 105 GG nun das ausschließliche Gesetzgebungsrecht der Länder gegenständlich umgrenzt ist.

Ob in der Tat Art. 105 in seiner neuen Fassung diese Änderung der Gesetzgebungskompetenz bewirkt hat, kann indes hier auf sich beruhen.

Der Bund hat, sollte er eine solche Kompetenz besitzen, von ihr bisher keinen Gebrauch gemacht. Zudem wird für die inhaltliche Gestaltung der Kirchensteuer stets Art. 137 Abs. 6 WeimRV noch ergänzend hinzugezogen werden. Denn aus ihm ergibt sich, gleich zu welcher Kompetenz man die Kirchensteuer zählt, daß sie „nach Maßgabe der bürgerlichen Steuerlisten" erhoben werden darf, d. h. als eine an Maßstäbe anderer staatlicher Steuern angelehnte Abgabe, daß also für sie kein Einwand daraus abgeleitet werden kann, daß sie eine einer Bundes- oder Landessteuer gleichartige Steuer bildet.

Zieht man die Aussage des Art. 137 Abs. 6 über die Gestaltung der Kirchensteuer „nach Maßgabe der landesrechtlichen Bestimmungen" heran, so wird auch für die Gegenwart der Standpunkt vertretbar erscheinen, daß die Zuweisung der Zuständigkeit für die Kirchensteuer nicht in Art. 105 GG, sondern in Art. 137 Abs. 6 WeimRV zu finden ist. Diese Auffassung könnte dadurch unterstützt werden, daß nach der gesamten Anlage des Grundgesetzes jedenfalls den Ländern im übrigen die gesamte Gesetzgebung über die weltanschaulichen und religiösen Gebiete überlassen ist.

Da Art. 74 GG keine vollständige Aufzählung aller Kompetenzen enthält (vgl. v. Mangoldt-Klein, Grundgesetz Anm. II, 4 zu Art. 74, S. 1527), kann bei Überschneidungen von Kompetenzgesichtspunkten (hier Art. 105 GG gegen Art. 137 Abs. 6 WeimRV) ein Problem der Priorität entstehen, wobei dem Gesichtspunkt der Geschlossenheit eines Sachgebietes eine Bedeutung zukäme. Die Frage soll hier nicht entschieden werden, da bei jedem Ausfall dieser Entscheidung die aus Art. 105 GG abgeleiteten Bedenken sich als unbegründet erweisen.

36. Es sei hier nur abschließend noch bemerkt, daß die Regelung der Erhebung der Einkommen(lohn)steuer in jedem Falle Bestandteil der Länderregelung ist, gleich ob diese nun besteht auf Grund des Art. 105 GG und der fehlenden Ausübung einer konkurrierenden Bundeskompetenz, oder auf Grund des Art. 137 Abs. 6 WeimRV. Eine solche Regelung ist jeweils durch die Kirchensteuergesetze der Länder, im vorliegenden Falle § 9 Hess. KiStG geschehen. Sie weisen die Verwaltung der Kirchensteuer den Finanzämtern zu, falls hierfür Anträge der Kirchen und Einigung der Kirchen mit dem Lande vorliegen. In diesem Rahmen werden dann auch die Vorschriften zum Kirchenlohnsteuerabzug erlassen, die die Pflichten der Arbeitgeber begründen. Die Regelung dieser Fragen gehört mit zu der Bestimmung über das Erhebungs-

verfahren und fällt mithin in die Kompetenz der Länder. Von Bundes wegen, wo dem Bunde gemäß Art. 108 Abs. 1 und 2 für den Aufbau der Finanzbehörden eine allgemeine Kompetenz zusteht und wo Art. 108 Abs. 4 ein Zusammenwirken von Bundes- und Landesfinanzbehörden in einem dort genannten Rahmen vorsieht, können daher für eine solche Mitwirkung der Landesfinanzbehörden bei der Erhebung der Kirchensteuern, die die verfassungsrechtlich vorgesehene Vollstreckungshilfe des Staates bei der Kirchensteuer in einer modernen, praktikablen Form verwirklichen, allgemeine Vorschriften aufgestellt werden. Dies ist in § 18 AO hinsichtlich der Übermittlung von Unterlagen und in § 22 Abs. 3 Satz 2 AO hinsichtlich der Wahrung des Steuergeheimnisses durch Amtsträger der Religionsgesellschaften geschehen. Beide Bestimmungen nehmen offensichtlich auf die Regelung Bezug, wie sie aus Art. 137 Abs. 6 WeimRV sich ergibt und wie sie tatsächlich in den Ländern besteht.

37. Nach diesem Überblick kann kurz in die Auseinandersetzung mit den Einwendungen zu Art. 105 GG eingetreten werden.

Der erste Einwand richtet sich dagegen, daß die Kirchensteuer in ihrer materiellen Regelung als Zuschlagsteuer gleichartige Gegenstände regele wie die Einkommensteuer und daher wegen des Verbotes der Erhebung gleichartiger Steuern durch die Länder nicht gültig sein könne. Dieses Verbot wird von der hier behandelten Einwendung auch auf die Verfahrensregelung zu einer Landessteuer erstreckt. Sie dürfe auch nicht auf eine gleichartige Regelung einer gleichartigen Bundessteuer verweisen. Diese Auffassung beruht auf durchgehender Verkennung der Zusammenhänge. Sie ist nicht haltbar, gleich ob man annimmt, daß die Kirchensteuer nunmehr in den Bereich einer konkurrierenden Bundeszuständigkeit nach Art. 105 n. F. fällt oder ob man sie wie bisher aus der Verweisung des Art. 137 Abs. 6 WeimRV in die Landeszuständigkeit einweist. Geht man von der alten Fassung des Art. 105 GG aus und nimmt eine ausschließliche Landeszuständigkeit an, so würde die Frage einer Gleichartigkeit doch nur dann auftreten, wenn durch die Belastung des gleichen Steuergegenstandes oder die Anwendung eines gleichen Steuermaßstabes der Landesgesetzgeber den Ertrag der von dem Bunde gesetzlich in Anspruch genommenen Steuerquelle beeinträchtigen würde. Der Sinn des Verbotes der Erhebung gleichartiger Landessteuern liegt allein darin, daß die Steuerkraft derjenigen Objekte, die der Bund besteuert, nicht anderweit noch belastet werden soll. Diese Erwägungen, aus denen heraus man die Auffassung als in Art. 105 Abs. 2 beschlossen ansah, welche den Ländern die Inanspruchnahme gleichartiger Steuern mit denen des Bundes verschloß, soweit der Bund Steuern gesetzlich gestaltet und damit gemäß Art. 72

Abs. 1 GG die Materie erschöpfend geregelt hat[62], können aber auf die Kirchensteuer gar keine Anwendung finden. Einmal unterscheidet sie sich nach ihrem Personenkreis von der staatlichen Einkommensteuer, zum anderen aber — und das ist entscheidend — enthält Art. 137 Abs. 6 WeimRV eine ausdrückliche Ermächtigung für die Kirchensteuer, den gleichen Maßstab zu wählen wie eine Bundessteuer. Es liegt hier also gegenüber einem aus Art. 105 GG entwickelten allgemeinen Grundsatz eine positive Ausnahme der Verfassung vor. Das hat die in Ziff. 34 angeführte Entscheidung des Bundesfinanzhofs ausdrücklich anerkannt. Im gleichen Sinne hat sich aber auch das Bundesverfassungsgericht ausgesprochen. Es stellt in seiner Entscheidung vom 20. 4. 1966 (BVerfGE 20, S. 40, 43) fest:

„Die Regelung der Kirchensteuer, auf Grund deren der Beschwerdeführerin ein Kirchenlohnsteuer-Jahresausgleich versagt worden ist, steht im Einklang mit der durch Art. 140 GG in Verbindung mit Art. 137 Abs. 6 WeimRV zulässigen Abhängigkeit der Kirchensteuer von der Einkommensteuer. Sie verletzt auch keine Grundrechte der Beschwerdeführerin."

Der Einwand, daß bei ausschließlicher Landeszuständigkeit die Länder der Kirchensteuer deshalb keine der Einkommensteuer angepaßte Ausgestaltung geben dürften, weil hier das Verbot der Gleichartigkeit der Besteuerung eingreife, erweist sich mithin angesichts der besonderen Regelung des Art. 137 Abs. 6 WeimRV als unzutreffend[63].

Dies gilt erst recht im Hinblick auf die Einwendungen dagegen, daß die Länder bei der Regelung der Einhebung der Kirchensteuer auf das Lohnabzugsverfahren Bezug nehmen, auch soweit es bundesrechtlich geregelt ist. Das aus einem allgemeinen Grundsatz des materiellen Steuerrechts hergeleitete Verbot der Gleichartigkeit gilt seiner Natur nach überhaupt nur für das materielle Steuerrecht. Es soll verhindern, daß eine Steuerquelle doppelt beansprucht wird durch eine gleiche oder gleichartige Bundes- und Landessteuer. Das Verfahren wird überhaupt von diesem Verbot gar nicht berührt. (Dafür, daß die Untersagung der Gleichartigkeit von Steuern sich nur auf den Steuergegenstand und den Steuermaßstab, aber nicht auf das Verhalten bezieht, siehe Lorenz, DVBl. 1970, S. 540.)

Die Länder sind also an sich ohne weiteres befugt, bei der Regelung von Landessteuern auf Verfahrensregelungen des Bundesrechts Bezug zu nehmen. Das ergibt sich auch aus der in Art. 108 GG und den dazu erlassenen Gesetzen begründeten Verschränkung der Bundes- und Landesfinanzverwaltung. Die Vorstellung, daß eine Inbezugnahme

---
[62] Vgl. BVerfGE 7 S. 244, 258 und *Maunz-Dürig-Herzog*, Rdnr. 46—49 zu Art. 105 alter Fassung; siehe auch *Lorenz*, DVBl. 1970, S. 539.
[63] So auch *Maunz-Dürig-Herzog*, Rdnr. 49 zu Art. 105 alter Fassung.

bundesrechtlicher Verfahrensregelungen für die Steuererhebung von den Ländern wegen des Grundsatzes des Verbots der Erhebung gleichartiger Steuern nicht zulässig sei, entbehrt also jeder Grundlage. Zudem gilt hier naturgemäß ebenso die bereits dargelegte ausdrückliche Gestattung des Art. 137 Abs. 6 WeimRV. Nach ihr kann nicht nur materiell die Kirchensteuer an eine Bundessteuer angelehnt werden, sondern auch im Verfahren. Auch das Bundesverfassungsgericht geht in dem Urteil Bd. 20 S. 40, 43 ohne weiteres davon aus, daß Verfahrensregelungen der Lohnsteuer für die Kirchensteuer verwendet werden können.

Geht man vom geltenden Rechte aus, so entfallen die Einwendungen noch sichtbarer. Im geltenden Recht ist ein Verbot der Erhebung gleichartiger Steuern nur mehr ausgesprochen für die örtlichen Verbrauchs- und Aufwandsteuern. Daraus folgt, daß dies Verbot für andere Landessteuern nicht gelten kann. Abgesehen davon, daß auch heute die hervorgehobene besondere Regelung des Art. 137 Abs. 6 WeimRV den Ausschlag gibt, würde also auch bereits aus allgemeinen Gründen von einem Verbot der Gleichartigkeit weder bei Annahme ausschließlicher Landeszuständigkeit noch bei der einer konkurrierenden Bundeszuständigkeit die Rede sein können. Der Bund wahrt nach dem geltenden System des Verfassungsrechts (Art. 105 GG) innerhalb der konkurrierenden Gesetzgebungszuständigkeit sein Recht durch den Erlaß von Bundesgesetzen. Soweit er dies nicht getan hat, bleibt es bei der Landeszuständigkeit, und es gilt insoweit auch nicht das Verbot der Gleichartigkeit[64].

38. Was endlich den Einwand betrifft, dem Bunde fehle eine Zuständigkeit für die Anordnung der Aufnahme der Religionszugehörigkeit in die Lohnsteuerkarte, so ist hierzu darauf zu verweisen, daß nicht nur eine indirekte Anerkennung einer solchen Zuständigkeit in der Befugnis des Art. 108 zur Regelung des Aufbaues der Finanzbehörden liegt, sondern auch sonst sich aus der Verbindung von Bundes- und Landesfinanzgewalt ergibt, daß der Bund befugt ist, in die Steuerkarte solche Merkmale aufzunehmen, die auch für andere als seine eigenen Steuern bedeutsam sein können. Er ist zudem wiederum durch Art. 137 Abs. 6 WeimRV gehalten, den Religionsgesellschaften die Besteuerung durch Herausgabe der „bürgerlichen Steuerlisten" zu ermöglichen. Ob er diese Pflicht nun dadurch erfüllt, daß er solche Listen aufstellt und übergibt, oder ob die von den Ländern vorgesehene Einhebung der Kirchensteuer durch die Finanzämter ihm andere Möglichkeiten eröffnet, den Kirchen diese Informationen zukommen zu lassen, steht sich gleich. Für diese andere Form der Erhebung aber bildet die Lohn-

---
[64] Vgl. *Lorenz,* a.a.O., S. 540.

steuerkarte nicht minder die Grundlage. Will der Bund daher seine Verpflichtung aus Art. 137 Abs. 6 WeimRV erfüllen, so muß er in jedem Falle dafür sorgen, daß die Lohnsteuerkarte die nötigen Angaben enthält. Das ist auch dadurch gesichert, daß der hier maßgebende § 9 LStDV den Gemeinden ausdrücklich die Festhaltung der Religionszugehörigkeit aufgibt, mithin indirekt festlegt — insofern ist § 7 a.a.O. ohne Bedeutung —, daß diese Angabe in der Karte enthalten sein muß. Die Zuständigkeit zu dieser Regelung ergibt sich für den Bund im Zusammenhang seiner Kompetenz für die Einkommensteuer, kraft deren er in dem für diese Steuer geltenden Verfahren auch die Voraussetzungen dafür schaffen darf, daß die an diese Steuer angelehnte Kirchensteuer gemäß Art. 137 Abs. 6 WeimRV berechnet und erhoben werden kann. Es kann also keine Rede davon sein, daß dem Bunde hier die Zuständigkeit fehle. Die Eintragung der Religionszugehörigkeit in die Steuerkarte, gegen die, wie früher dargelegt, auch aus Art. 136 Abs. 1 WeimRV keine Bedenken bestehen, ist mithin statthaft.

Zusammenfassend erweisen sich daher die aus Art. 105 GG und anderen steuerlichen Gesichtspunkten abgeleiteten Bedenken gegen eine Kompetenz des Bundes bzw. der Länder zu den von ihnen für das Lohnabzugsverfahren erlassenen Normen, insbesondere für § 9 Abs. 2 Hess. KiStG, als unbegründet.

Ist die Verpflichtung des Arbeitgebers zur Einbehaltung und Abführung der Kirchenlohnsteuer mit dem Grundgesetz vereinbar?

Von Herbert Scholtissek, Baden-Baden

I. Allgemeine Bemerkungen

Im Unterschied zu innerkirchlichen Abgaben, die die Kirchen selbständig und ohne Einmischung des Staates nach innerkirchlichem Recht festsetzen, ordnen und verwalten können, ist das kirchliche Besteuerungsrecht ein vom Staat verliehenes Hoheitsrecht. Erhebung und Verwaltung der Kirchensteuern erfolgt auf Grund staatlicher Gesetze, für deren Erlaß die Länder zuständig sind. Bei Nichtzahlung erfolgt die Beitreibung mit staatlicher Zwangsgewalt durch staatliche Organe. Die Kirchensteuererhebung „gehört zu den gemeinsamen Angelegenheiten von Staat und Kirche, weil der Staat den Religionsgesellschaften zur Beitreibung den Verwaltungszwang zur Verfügung stellt. Für die Kirchensteuer ist die staatliche Normierung konstitutiv" (vgl. BVerfGE 19, 206 [216, 217])[1]. Wenn Mörsdorf (Eichmann-Mörsdorf, II. Bd. 8 S. 496) meint, die Kirche habe ein originäres, vom Staat unabhängiges Besteuerungsrecht als kirchliches Hoheitsrecht, „gleichviel, ob der Staat dies anerkennt oder nicht, ob er Vollstreckungshilfe gewährt oder nicht", so bezieht sich dies auf das innerkirchliche Beitragsrecht, das ebenso wie die kirchliche Vermögensverwaltung zu den „eigenen Angelegenheiten" der Kirche gehört. Zur Steuer im staatlichen Sinne wird dies Recht der Kirche, Abgaben zu erheben, erst durch die staatliche Anerkennung und Mitwirkung bei der Steuererhebung und durch die Gewährung der staatlichen Zwangsgewalt. Damit wird die Kirchensteuer zur gemeinsamen Angelegenheit von Staat und Kirche, weil sie staatliche wie kirchliche Elemente enthält. „Verliehen" ist dem kirchlichen Besteuerungsrecht die Zwangsgewalt des Staates. Deshalb könnte zwar der Staat in seinem Kirchensteuergesetz die Kirchensteuer bis in alle Einzelheiten regeln. Besser entspricht aber dem Charakter als „gemeinsame Angelegenheit" die in den meisten Ländern erfolgte

---

[1] BVerfGE = Sammlung der Entscheidungen des Bundesverfassungsgerichts, zitiert nach Band und erster Seite der Entscheidung, in Klammern Seite des Zitats.

Beschränkung auf ein staatliches Rahmengesetz, das durch kirchliche Steuerordnungen ausgefüllt wird.

Die Gewährung des Steuerrechts ist — neben Staatsleistungen auf Grund besonderer Verträge und Rechtstitel (Art. 138 WRV) — ein Äquivalent für die umfangreichen Entziehungen von Kirchengut durch den Staat seit der Reformation, insbesondere durch die Säkularisation[2]. Es ist deshalb in der Verfassung gewährleistet und außerdem den Kirchen in Konkordaten und Kirchenverträgen zugesichert[3]. Der Staat kann sich also nicht einseitig von diesen Pflichten lösen. Das Bundesverfassungsgericht (im folgenden: BVerfG) hat in der oben zitierten Entscheidung das Kirchensteuerrecht als gemeinsame Angelegenheit von Staat und Kirche bezeichnet. Daraus folgt, daß den betroffenen Kirchen ein Recht zusteht, an der Kirchensteuergesetzgebung mitzuwirken. Wie weit dieses Recht der Kirchen geht, mag hier unerörtert bleiben. Soviel dürfte sicher sein, daß der staatliche Gesetzgeber die Kirchensteuergesetze nicht einseitig über den Kopf der Kirchen hinweg erlassen oder ändern darf. Er muß die Kirchen zum mindesten vorher anhören und mit ihnen verhandeln.

Die Kirchensteuer ist eine echte Steuer im Sinne von § 1 Abs. 1 AO (Reichsabgabenordnung), obwohl ihr Ertrag nicht der Befriedigung allgemeiner staatlicher Bedürfnisse dient, sondern den Finanzbedarf der steuerberechtigten Religionsgesellschaften deckt. Auch Kirchensteuern sind also „einmalige oder laufende Geldleistungen, die nicht eine Gegenleistung für eine besondere Leistung darstellen und von einem öffentlichen Gemeinwesen zur Erzielung von Einkünften allen auferlegt werden, bei denen der Tatbestand zutrifft, an den das Gesetz die Leistungspflicht knüpft" (§ 1 Abs. 1 AO). Im allgemeinen ist das Steuerrecht mit der Gebietshoheit verbunden. Es steht deshalb grundsätzlich den „öffentlichen Gemeinwesen", d. h. Gebietskörperschaften zu. Personalverbände (Körperschaften), Stiftungen und Anstalten erheben Beiträge, keine Steuern. Die Verfassung selbst macht jedoch eine Ausnahme mit den Religionsgesellschaften, die Körperschaften des öffentlichen Rechts sind. Sie hat diesen Körperschaften des öffentlichen Rechts, die sich in vieler Hinsicht von den gewöhnlichen Körperschaf-

---

[2] Vgl. z. B. *Klein*, Rechtsgutachten über die Frage der Verfassungswidrigkeit der Kirchenbausteuer in Baden, 1954, S. 115, 181. *Böhlig*, System und Probleme des Kirchensteuerrechts, Diss. jur. Göttingen 1964, S. 2 f.; *Marré-Hoffacker*, Das Kirchensteuerrecht im Land Nordrhein-Westfalen, Münster 1969, S. 30 ff.
[3] Vgl. Schlußprotokoll zu Art. 13 des Reichskonkordats vom 20. 7. 1933 (RGBl. II S. 679): „Es besteht Einverständnis darüber, daß das Recht der Kirche, Steuern zu erheben, gewährleistet bleibt." Hier ist das staatlich verliehene, in der Verfassung gewährleistete Besteuerungsrecht gemeint.

ten des öffentlichen Rechts unterscheiden[4] und in der Staatskirchenlehre als „Körperschaften des öffentlichen Rechts besonderer Art" bezeichnet werden, ein echtes Steuerrecht verliehen, das neben den nur innerkirchlichen Beiträgen steht.

Trotz der grundsätzlichen Trennung von Staat und Kirche[5] hatte bereits die Weimarer Reichsverfassung (WRV) in Art. 137 Abs. 6 das kirchliche Besteuerungsrecht gewährleistet: „Die Religionsgesellschaften, welche Körperschaften des öffentlichen Rechts sind, sind berechtigt, auf Grund der bürgerlichen Steuerlisten nach Maßgabe landesrechtlicher Bestimmungen Steuern zu erheben." Diese Bestimmung ist im Wortlaut durch Art. 140 GG in das Verfassungsrecht der Bundesrepublik übernommen worden[5a]. Dies bedeutet nicht, daß mit diesem Akt das zu dieser Zeit bestehende Kirchensteuerrecht im vorgefundenen Besitzstand und Umfang gewährleistet ist[6].

Vielmehr ist eine Abänderung des damaligen Kirchensteuerrechts sowohl im Sinne einer Erweiterung wie einer Verminderung möglich. Dabei hat der (Landes-)Gesetzgeber die Grundrechte der Betroffenen zu respektieren. Durch die institutionelle Garantie ist ihm ferner eine äußerste Grenze gesetzt: Er darf das Besteuerungsrecht der Kirchen nicht beseitigen oder auch nur aushöhlen (vgl. BVerfGE 19, 206 [218]). Eine Aushöhlung würde zweifellos vorliegen, wenn der Gesetzgeber das Besteuerungsrecht der Kirchen so beschneiden würde, daß der Ertrag zur Befriedigung der kirchlichen Bedürfnisse nicht mehr ausreicht[7].

---

[4] Der Unterschied besteht vor allem darin, daß Körperschaften des öffentlichen Rechts (wie öffentlich-rechtliche Stiftungen und Anstalten) durch den einfachen Gesetzgeber geschaffen werden und deshalb zu seiner vollen Verfügung stehen, während die Körperschaftsrechte der Kirchen (ebenso wie die der Gemeinden und Gemeindeverbände gemäß Art. 28 Abs. 2 GG) nicht auf Gesetz, sondern unmittelbar auf der Verfassung beruhen und der Gesetzgeber hierdurch gebunden ist.
[5] Art. 137 WRV: „Es besteht keine Staatskirche." Von einer „reinen Trennung" kann man angesichts der vielfachen wechselseitigen Verpflichtungen von Staat und Kirche m. E. nicht sprechen.
[5a] Zur grundsätzlichen Übereinstimmung des kirchlichen Besteuerungsrechts mit dem Grundgesetz vgl. den beachtenswerten Beitrag von W. Rüfner, Zur Frage der Verfassungsmäßigkeit der Kirchensteuer, NJW 1971, S. 15 ff. R. gelangt dabei zu dem Ergebnis, daß gegen das gegenwärtige Kirchensteuersystem keine durchgreifenden verfassungsrechtlichen Bedenken bestehen.
[6] Diese Auffassung wirkt sich nicht nur nachteilig, sondern auch zu Gunsten der Religionsgesellschaften aus. Wäre nur der bei Inkrafttreten der Verfassung vorhandene Besitzstand gewährleistet, dann könnte jede gesetzliche Erweiterung des kirchlichen Besteuerungsrechts als Verletzung des Gebots der religiösen Neutralität des Staates, vielleicht auch des Art. 4 Abs. 1 GG gewertet werden.
[7] Vgl. *Böhlig*, a.a.O., S. 62 u. 220 sowie die dort zitierte Literatur; *Marré-Hoffacker*, a.a.O., § 16 Anm. VIII.

Die institutionelle Garantie[8] des Art. 137 Abs. 6 WRV umfaßt auch die Pflicht des Staates, bei der Erhebung der Kirchensteuern mitzuwirken. Diese Pflicht erschöpft sich nicht in der zwangsweisen Beitreibung von nicht freiwillig gezahlten Kirchensteuern. Diese Pflicht zur Beitreibung folgt schon aus dem Wesen der Kirchensteuern als einer Zwangsabgabe. Die Mitwirkungspflicht des Staates geht darüber hinaus. Die Erhebung der Kirchensteuern erfolgt „nach Maßgabe der bürgerlichen Steuerlisten". Es herrscht seit der Weimarer Zeit Streit darüber, ob darin eine Mindestgarantie oder eine Beschränkung des Besteuerungsrechts der Kirche zu sehen ist.

Anschütz[9] und andere nehmen an, daß Kirchensteuern nur als Zuschläge zu staatlichen Steuern, die als „Maßstabsteuern" bezeichnet werden, erhoben werden dürfen. Diese Auslegung erscheint zu eng. Demgegenüber haben bereits das preußische Oberverwaltungsgericht und das Reichsgericht jene Klausel als „Mindestgarantie" angesehen[10]. Der Staat muß also — dazu ist er verfassungsrechtlich verpflichtet — mindestens seine „Steuerlisten" zur Verfügung stellen. Was darunter zu verstehen ist, ergibt eine Auslegung dieses Begriffs, der aus einer Zeit stammt, als die Einkommensteuer noch auf Grund einer Selbsteinschätzung erhoben wurde. Ganz allgemein bedeutet es, daß der Staat verfassungsrechtlich verpflichtet ist, nicht nur seine Zwangsgewalt bei der Beitreibung, sondern auch seine Mithilfe bei der Erhebung der Kirchensteuern zu gewähren; in welchem Umfang, das hängt von den Umständen ab. Darin liegt keine Verletzung des Gebots der religiösen Neutralität des Staates, da die Verfassung selbst diese Pflicht statuiert. In unserem Fall heißt es, daß der Staat zumindest die Lohnsteuerkarten kirchlichen Steuerbehörden überlassen müßte und in Fällen, in denen außer dem Lohnabzug noch eine Veranlagung erfolgt, außerdem Abschriften der Steuerbescheide. Da aber bei weitem nicht alle Lohnsteuerkarten, die von Gemeindebehörden ausgestellt und vom

---

[8] Ein Grundrecht ist das durch Art. 137 Abs. 6 WRV i. V. m. Art. 140 GG gewährte Besteuerungsrecht der Religionsgesellschaften nach der Rechtsprechung des BVerfG nicht. Eine Verfassungsbeschwerde ließe sich darauf nicht stützen. Dagegen ist m. E. das in Art. 137 Abs. 3 WRV ausdrücklich anerkannte Selbstbestimmungsrecht der Kirchen in dieser Bestimmung nur institutionell gewährleistet, aber aus Art. 4 Abs. 1 und 2 GG, auf den sich auch die Religionsgesellschaften berufen können, auch als Grundrecht der Kirchen abzuleiten. Daß damit auch das (staatlich verliehene) Besteuerungsrecht in den Grundrechtsschutz einbezogen sei, weil sich die Unabhängigkeit kirchlichen Wirkens ohne die materielle Grundlage nicht verwirklichen lasse, erscheint doch zweifelhaft. Dagegen hängt das innerkirchliche Beitragsrecht eng mit dem Selbstbestimmungsrecht zusammen. Für die vorliegende Untersuchung ist es ohne Bedeutung, ob das Besteuerungsrecht als Grundrecht der Kirchen anzuerkennen oder nur institutionell garantiert ist.
[9] *Anschütz*, Die Verfassung des Deutschen Reichs, Anm. 11 zu Art. 137 WRV (13. Aufl. 1930).
[10] Vgl. hierzu *Böhlig*, a.a.O., S. 60 ff.; *Marré-Hoffacker*, a.a.O., § 1 Anm. IV.

Arbeitnehmer an den Arbeitgeber ausgehändigt werden müssen, an die Finanzämter zurückgelangen, ist der Staat gar nicht in der Lage, auf diese Art seiner Pflicht gegenüber den Kirchen zu genügen. Er muß also einen anderen Weg suchen, den Kirchen bei der Einziehung der Kirchenlohnsteuer zu helfen. Dabei ist er in der Wahl der Mittel weitgehend frei. Insbesondere darf er auch — im Einverständnis mit den Kirchen — die gesamte Verwaltung der Kirchensteuern, also Berechnung (Veranlagung) und Einziehung der Kirchensteuern übernehmen[11]; den Ertrag hat er dann auf die steuerberechtigten Religionsgesellschaften zu verteilen und an diese abzuführen. Dagegen steht ihm keine Kontrolle über die Verwendung des Kirchensteueraufkommens durch die Kirchen zu. Auch soweit dem Staat durch die Verwaltung der Kirchensteuern finanzielle Aufwendungen entstehen, die aus allgemeinen Steuermitteln bestritt werden, kann sich der einzelne Staatsbürger nach heute wohl herrschender Ansicht gegen diese indirekte Belastung nicht zur Wehr setzen. Die Pflicht des Staates zur konfessionellen Neutralität sowie das Grundrecht der (in diesem Fall negativen) Religionsfreiheit aus Art. 4 GG wird dadurch nicht tangiert. „Auf Grund der bürgerlichen Steuerlisten" bedeutet also nicht, daß die Kirchensteuern als Zuschlag zu den staatlichen Steuern erhoben werden *müssen*, obwohl dies für die hauptsächlichsten Kirchensteuern (z. B. Kircheneinkommensteuer, Kirchenlohnsteuer, Kirchengrundsteuer) die Regel geworden ist. Daneben sind auch andere Formen, etwa ein (meist gestaffeltes) Kirchgeld möglich. Ebenso ist es denkbar, daß die Kirchen — auf Grund einer gesetzlichen Ermächtigung — einen eigenen Steuertarif in einer Kirchensteuerordnung aufstellen oder von dem staatlichen Steuertarif (z. B. durch „Kappung" der höchsten Steuergruppen[12]) abweichen.

Das System des Lohnabzugs wurde für die *staatlichen* Lohnsteuern schon sehr früh — im Jahre 1920 — eingeführt, doch wurden gemäß § 45 Einkommensteuergesetz (EStG) vom 29. März 1920 trotz des Lohnabzuges die Arbeitnehmer auch veranlagt. Bei diesem System brauchte der Staat den Kirchen nur die Lohnsteuerbescheide zur Verfügung zu stellen, damit sie auf Grund dieser Unterlagen in die Lage versetzt wurden, die Kirchenlohnsteuer zu berechnen. Als durch das Lohnsteuergesetz vom 11. Juli 1921 die Veranlagung in Fortfall kam, war auch den Kirchen eine ordnungsmäßige Veranlagung der Kirchenlohnsteuer nicht mehr möglich. Diese Schwierigkeiten führten schließlich dazu, das staatliche Lohnsteuerabzugsverfahren auch auf die Kirchen-

---

[11] Vgl. *Tröger,* Die verfassungsrechtliche Problematik des Kirchenlohnsteuerabzugsverfahrens, ZevKR, Bd. 14 (1968/69), S. 105.
[12] Ob die Kappung mit Art. 3 GG vereinbar ist, kann hier unerörtert bleiben.

lohnsteuer auszudehnen. Für den Staat war dies die einfachste Möglichkeit, seiner Verfassungspflicht nachzukommen, an Stelle der Zurverfügungstellung der „bürgerlichen Steuerlisten" den Kirchen bei der Einziehung der Kirchenlohnsteuer Hilfe zu leisten. Natürlich hätte der Staat auch auf andere Weise seiner Pflicht genügen können, etwa durch Aufstellung besonderer Lohnsteuerlisten eigens für die Kirchen. Doch wäre dies für ihn mit einem außerordentlichen Arbeits- und Kostenaufwand verbunden gewesen.

Die Verpflichtung des Arbeitgebers, durch Einbehaltung und Abführung bei der Einziehung der *staatlichen* Lohnsteuer mitzuwirken, ist mit dem Grundgesetz vereinbar. Dies wird heute wohl nicht mehr bestritten. In einer Entscheidung vom 5. Juli 1963 hat der Bundesfinanzhof (BFH) hierzu gesagt:

„Die Pflicht der Arbeitgeber, bei der Erhebung der Lohnsteuer mitzuwirken, ist — ähnlich wie die Mitwirkung bei der Erhebung der Sozialversicherungsbeiträge — eine Pflicht, die allen Arbeitgebern auferlegt und eine auf dem öffentlichen Recht beruhende Reflexwirkung der Begründung privatrechtlicher oder öffentlich-rechtlicher Dienstverhältnisse ist. Die modernen Formen der Steuererhebung sehen in weitem Umfang die Mitwirkung der betreffenden Staatsbürger als Steuerpflichtige durch Aufzeichnungen, Erklärungen, Auskünfte usw. vor. Solche Mitwirkungspflichten bei der Besteuerung werden durch Art. 12 Abs. 2 GG nicht ausgeschlossen. Die Mitwirkung der Arbeitgeber bei der Steuererhebung für ihre Arbeitnehmer geht allerdings über den Umfang der Mitwirkungspflicht aller Steuerpflichtigen in eigenen Steuerangelegenheiten hinaus und ist von besonderer Art, weil die Arbeitgeber hier gewissermaßen als Beauftragte des Steuerfiskus und als Steuererheber gegenüber ihren Arbeitnehmern auftreten müssen. Aber auch diese erweiterte Dienstleistungspflicht, die das Gesetz allen Arbeitgebern auferlegt, widerspricht nicht dem GG. Der Steuergesetzgeber verletzt das Grundrecht des Art. 12 Abs. 2 GG nicht, wenn er die Gruppe der Arbeitgeber allgemein zu solchen zusätzlichen Dienstleistungen heranzieht, um dadurch in möglichst einfacher Form einen möglichst vollständigen und schnellen Eingang der Lohnsteuer der Arbeitnehmer sicherzustellen" (Bundessteuerblatt [BStBl.] 1963 Teil III S. 469)[13].

Eine entsprechende Entscheidung hat das BVerfG für die sogenannte „Kuponsteuer" getroffen; nur hat es die Verpflichtung der Banken, die Kapitalertragsteuer einzubehalten und abzuführen, nicht an Art. 12 Abs. 2, sondern an Art. 12 Abs. 1 GG gemessen und sie als eine zulässige Regelung der Berufsausübung erklärt.

Das BVerfG sagt hierzu:

„Durch die beanstandete Bestimmung über den Abzug der Kapitalertragsteuer wird die Beschwerdeführerin ähnlich wie der Arbeitgeber beim Lohnsteuerabzug oder bei der Abführung von Sozialversicherungsbeiträgen oder

---

[13] Eine Verfassungsbeschwerde gegen dieses Urteil hat das BVerfG verworfen; vgl. Der Betrieb (DB) 1964, 204.

ein Versicherungsunternehmen bei Einbehaltung der Versicherungssteuer zur Erfüllung von Verwaltungsaufgaben herangezogen. Die Verfassungsmäßigkeit dieser Inanspruchnahme ist nicht an Art. 12 Abs. 2 Satz 1 GG, sondern an Art. 12 Abs. 1 GG zu messen."

Das BVerfG legt dann dar, weshalb Art. 12 Abs. 1 GG einschlägig ist und daß die Heranziehung der Banken bei der Einziehung der Kuponsteuer eine zweckmäßige, angemessene und zumutbare Regelung der Berufsausübung ist (BVerfGE 22, 380 ff.).

Die Befugnis der öffentlichen Hand, nicht nur die Leistung von Abgaben zu verlangen, sondern auch Pflichten zur Mitwirkung bei der Einziehung von Abgaben Dritter aufzuerlegen, ist als „Element der Finanzgewalt des Staates" bezeichnet worden[14]. Durch die Möglichkeit, den Arbeitgeber zur Mitwirkung bei der Einziehung der Lohnsteuer heranzuziehen, wird dem Staat eine kaum übersehbare Arbeitsbelastung mit den damit zusammenhängenden Kosten erspart. Eine Vorstellung davon mag sich ergeben, wenn man bedenkt, daß im Jahre 1963[15] die Zahl der zur Einkommensteuer Veranlagten etwa 3 Millionen betrug, die Zahl der Lohnsteuerpflichtigen dagegen 23,5 Millionen. Diese große Zahl muß in verschiedene Steuergruppen aufgeteilt werden: in Personen über und unter 50 Jahren, in Ledige und Verheiratete, in Personen mit ein, zwei, drei und mehr Kindern, wobei nicht nur die ehelichen, sondern auch uneheliche, Pflegekinder, u. U. Enkel und anderes zu berücksichtigen sind. Dazu kommt die Berechnung von Freibeträgen, Werbungskosten, Sonderausgaben, außerordentlichen Belastungen und anderes mehr. Diese ungeheure Arbeitsbelastung nehmen die Arbeitgeber durch das System des Lohnabzugs dem Staat weitgehend ab, wobei ihnen zur Erleichterung ihrer Pflichten Lohnsteuertabellen zur Verfügung stehen. Es soll nicht geleugnet werden, daß damit den Arbeitgebern bei der Führung der Lohnkonten, der Berechnung des Nettolohnes, der Abrechnung mit dem Finanzamt eine erhebliche Belastung entsteht. Doch ist sie ihnen zuzumuten, da sie durch die Begründung von Arbeitsverhältnissen die Lohnsteuer zur Entstehung bringen. Daß sie diese Mehrarbeit unentgeltlich leisten müssen, hat der BFH für verfassungsmäßig erklärt. Das BVerfG hat diese Entscheidung bestätigt. Damit ist freilich noch nicht gesagt, daß der Staat seine Finanzgewalt auch einsetzen darf, um kirchenfremde Arbeitgeber zur Mithilfe bei der Einziehung der Kirchenlohnsteuer

---

[14] Vgl. *Oeftering-Görbing*, Das gesamte Lohnsteuerrecht, 4. Aufl. Anm. 35 zu § 1.
[15] Zahlen für die späteren Jahre stehen mir zur Zeit nicht zur Verfügung. Sie sind vermutlich noch erheblich höher geworden.

heranzuziehen. Dies muß vielmehr im folgenden gesondert geprüft werden[16].

Kirchensteuern sind Steuern der Kirchen. Das bedeutet nicht nur, daß der Ertrag dieser Steuern den Kirchen zugute kommt. Vielmehr ist wesentlich, daß der steuerberechtigten Kirche die Verwaltung und Verwendung der Kirchensteuer als eigene Angelegenheit zusteht. Sie ist selbst Gläubigerin der Kirchensteuer, auch dort, wo der Staat im Einvernehmen mit der Kirche die Einziehung der Kirchensteuer übernimmt. Kirchensteuern sind ferner nach der Rechtsprechung des BVerfG „Mitgliedersteuern". Nur die Angehörigen der Kirchen können zu Steuern für ihre Kirche herangezogen werden. Das BVerfG leitet dies aus der Verpflichtung des Staates „als Heimstatt *aller* Staatsbürger" zur weltanschaulich-religiösen Neutralität her, die es in Art. 4 Abs. 1, Art. 3 Abs. 3, Art. 33 Abs. 3 sowie in dem durch Art. 140 GG inkorporierten Art. 137 Abs. 1 der Weimarer Reichsverfassung (WRV) begründet sieht. Insbesondere Art. 137 Abs. 1 WRV („Es besteht keine Staatskirche") verwehrt nicht nur jede Einführung staatskirchlicher Rechtsformen, d. h. jede institutionelle Verbindung von Kirche und Staat[17], sondern bringt auch die Verpflichtung zur religiösen Neutralität zum Ausdruck. Das BVerfG sagt in der oben zitierten Entscheidung (BVerfGE 19, 206 [216]):

„Aus dieser Pflicht zur religiösen und konfessionellen Neutralität folgt, daß der Staat einer Religionsgesellschaft keine Hoheitsbefugnisse gegenüber Personen verleihen darf, die ihr nicht angehören.
Eine solche Verleihung von Hoheitsbefugnissen liegt aber vor, wenn der Staat den Religionsgesellschaften durch Gesetz das Recht verleiht, ihnen nicht angehörende Personen zur Kirchensteuer heranzuziehen."

Die Angriffe gegen die Verfassungsmäßigkeit des Lohnabzugs für die Kirchenlohnsteuer stehen unter einem doppelten Aspekt: Durch den Zwang zur Mitwirkung bei der Erhebung der Kirchenlohnsteuer werde der Arbeitgeber der Hoheitsgewalt einer ihm fremden Kirche unterworfen; soweit diese Tätigkeit einen Kostenaufwand erfordert, werde er zur finanziellen Unterstützung der Kirchen herangezogen. Damit verletze der Gesetzgeber seine Verpflichtung zur religiösen Neutralität. Zugleich werde dadurch der kirchlich nicht gebundene Arbeitgeber in seiner „negativen" Bekenntnisfreiheit, in gewisser Weise auch

---

[16] Insofern erscheint die Frage von *Rasenack* (Zum Abzugsverfahren bei der Kirchenlohnsteuer, in: „Der Betriebsberater", 1968, 539 ff.) berechtigt, ob Befugnisse, die dem Staat als Steuereinnehmer zustehen, ohne weiteres auf religiöse oder weltanschauliche Vereinigungen übertragbar erscheinen.
[17] Damit wird nicht ein funktionales Zusammenwirken von Staat und Kirche, z. B. auf dem Gebiet der Schule oder in der Anstalts- und Militärseelsorge, unterbunden.

in seiner „negativen Finanzierungsfreiheit" im Sinne der Definition von Klein (s. unten), verletzt. Soweit die Einwendungen die Verletzung der religiösen Neutralität des Staates betreffen, werden sie unter II, soweit die Verletzung der Grundrechte aus Art. 4 GG gerügt wird, unter III abgehandelt.

II. Der Kirchenlohnsteuerabzug widerspricht nicht der Pflicht des Staates zur religiösen Neutralität

1. Die Trennung von Staat und Kirche ist in der staatskirchenrechtlichen Ordnung des GG nicht so weitgehend durchgeführt wie in vielen anderen Ländern, etwa den Vereinigten Staaten von Nordamerika. In den Vereinigten Staaten ist jede unmittelbare (insbesondere finanzielle) Unterstützung und Förderung der Religionsgemeinschaften und ihrer Institutionen (z. B. Schulen, Universitäten) durch den Staat strikt untersagt[18]; sogar ein gemeinsames Gebet in den öffentlichen Schulen ist unzulässig. In der Bundesrepublik Deutschland werden durch Art. 138 WRV i. V. m. Art. 140 GG die auf Gesetz, Vertrag oder besonderen Rechtstiteln beruhenden Staatsleistungen an die Religionsgesellschaften bis zu ihrer gesetzlichen Ablösung ausdrücklich aufrechterhalten und ein kirchliches Steuerrecht gemäß Art. 137 WRV gewährleistet, ebenso in Art. 7 GG der Religionsunterricht in den staatlichen Schulen und die Errichtung privater (auch konfessioneller) Schulen garantiert. In Länderverfassungen und entsprechenden Landesgesetzen ist außerdem die finanzielle Unterstützung privater (auch konfessioneller) Schulen aus Staatsmitteln vorgesehen. Die grundsätzliche Pflicht zur religiösen Neutralität des Staates ist also im Verfassungssystem der Bundesrepublik mehrfach durchbrochen. Dies gilt in besonderem Maße für das verfassungsrechtlich gewährte Besteuerungsrecht der Kirchen. Hier hat der Staat sogar aktive Mithilfe bei der Verwaltung der Kirchensteuern zu gewähren. Auf diesem Hintergrund muß man die grundsätzliche Pflicht des Staates zur religiösen Neutralität des Staates gegenüber den Kirchen und den Staatsbürgern sehen, die keiner steuerberechtigten Kirche angehören. Die Durchbrechung des Grundsatzes der religiösen Neutralität des Staates wirkt sich, wie noch zu zeigen ist, auch gegenüber den Staatsbürgern, die keiner Kirche angehören, in gewisser Weise aus.

2. Nach der oben zitierten Entscheidung des BVerfG ist es dem Staat untersagt, keiner steuerberechtigten Kirche angehörende Personen

---

[18] Hier ist allerdings zu erwähnen, daß in den USA Spenden an Religionsgemeinschaften abzugsfähig sind, was eine (mittelbare) Förderung dieser Religionsgemeinschaften impliziert.

einer Kirchensteuerpflicht zu unterwerfen. Gemeint ist damit die Heranziehung als Steuerschuldner der Kirche. Eine solche Heranziehung als Steuerschuldner findet aber bei der Verpflichtung des Arbeitgebers zur Einbehaltung und Abführung der Kirchenlohnsteuer ebensowenig wie bei der staatlichen Lohnsteuer statt.

Dies mochte vielleicht für das frühere Recht noch zweifelhaft sein. Der Lohnabzug wurde vom EStG vom 29. März 1920 eingeführt als Entrichtungsform für die Einkommensteuer. Das Gesetz über die Einkommensteuer vom Arbeitslohn vom 11. Juli 1921 gestaltete dann den Lohnabzug so aus, daß man bald von einer „Lohnsteuer" als einer besonderen Steuer sprach, die für den Lohn- und Gehaltsempfänger die Einkommensteuer ausschaltete. Die Verpflichtungen des Arbeitgebers wurden dabei so verselbständigt, „daß die Frage, wer nun eigentlich Steuerschuldner ist, einige Schwierigkeiten macht" (Bühler, Lehrbuch des Steuerrechts, Bd. II, 1. Aufl. 1938, S. 159). Das Gesetz legte dem Arbeitgeber eine doppelte Pflicht auf: einmal den Betrag als Lohnsteuer einzubehalten, zweitens den einbehaltenen Lohnanteil an das Finanzamt abzuführen. Diese Pflicht „ist so sorgfältig ausgestaltet und mit solchen Sicherungen versehen, daß sie sich für den Arbeitgeber oft zur Pflicht, die Steuer aus eigener Tasche zu bezahlen, steigert. *In allen Fällen haben wir in dieser Abführung eine materielle Leistungspflicht zu sehen, und es steht nichts entgegen, sie eine regelrechte Steuerschuld zu nennen*[19]. Von einer Steuerschuld spricht das Gesetz überhaupt nicht, aber der wiedergegebene § 38 Abs. 1 Satz 2 legt die Ablieferungspflicht, die eine solche enthält, dem Arbeitgeber und nur ihm auf. Wenn es nun weiter in § 38 Abs. 3 heißt: „Der Arbeitnehmer haftet neben dem Arbeitgeber für die Lohnsteuer nur ... (in zwei Fällen), „so muß daraus doch geschlossen werden: neben dem Arbeitgeber, der immer und primär haftet — *und darum der Steuerschuldner ist*[20] — haftet der Arbeitnehmer nur subsidiär" (Bühler, a.a.O., S. 159). Bühler bezeichnete im Hinblick auf die damals sehr mangelhafte Berücksichtigung der subjektiven Verhältnisse des Arbeitnehmers, die Nichtausgleichbarkeit, den Ausschluß der Erstattung überzahlter Beträge und die eigenartige Gestaltung der Haftung die Lohnsteuer als eine „verschärfte" „objektsteuerartige Sonderausgestaltung der Einkommensteuer" und stellte sie in die Nähe der Gewerbesteuer (!). Von anderen Autoren wurde damals die Lohnsteuer direkt zu den Objektsteuern gezählt.

Gegen diese Auffassung ließ sich schon damals einiges einwenden. Es war ja schließlich der Arbeitnehmer, aus dessen Einkommen die

---

[19] Hervorhebung im Original gesperrt.
[20] Hervorhebung im Original gesperrt.

Lohnsteuer entnommen wurde. Er war schon damals der eigentliche Schuldner, und zwar nicht nur „wirtschaftlich" (wie Bühler einräumt). Denn auch ihm oblagen Pflichten, insbesondere die, den Lohnabzug zu dulden. Er hatte seine Lohnsteuer unmittelbar an das Finanzamt zu entrichten, wenn der Arbeitgeber sie nicht vom Lohn abzog oder die abgezogenen Steuerbeträge nicht abführte und der Arbeitnehmer davon dem Finanzamt nicht unverzüglich Kenntnis gab. Nachdem nun das Gesetz mehrfach geändert wurde, läßt sich die frühere Auffassung in keiner Hinsicht mehr halten. Heute ist die Lohnsteuer der Einkommensteuer weitgehend angeglichen, vor allem was die Berücksichtigung der persönlichen Verhältnisse des Arbeitnehmers, der Werbungskosten und Sonderausgaben betrifft und vor allem durch die Einführung des Jahresausgleichs und den Wegfall des Verbotes der Rückerstattung überbezahlter Beträge. Die früheren objektsteuerartigen Züge der Lohnsteuer sind damit beseitigt. Sie ist in der heutigen Ausgestaltung Subjektsteuer. Steuersubjekt ist heute eindeutig der Arbeitnehmer, aus dessen Arbeitslohn die Steuer entrichtet wird. Der BFH sagt dazu in der Entscheidung vom 12. Mai 1955[21]:

„Der nach der Währungsumstellung in das Einkommensteuerrecht eingefügte *Lohnsteuer-Jahresausgleich* hat das Wesen der Lohnsteuer tiefgreifend beeinflußt. Die Lohnsteuer hat die Merkmale einer Objektsteuer, die ihr bis dahin in verschiedener Hinsicht eigen waren, verloren und ist zu einer echten Jahressteuer geworden. Nach der gesetzlichen Neuregelung ist der Gedanke, daß der Steuerabzug eine Erhebungsform der Einkommensteuer bei den Arbeitnehmern ist, wesentlich folgerichtiger durchgeführt worden (vgl. Entscheidung des Bundesfinanzhofs IV 70/51 S vom 6. April 1951, Slg. Bd. 55 S. 262 BStBl. 1951, III S. 100)."

Auch die Auffassung, die Lohnsteuer sei begrifflich eine Steuer eigener Art, ist fallengelassen worden. Heute gilt allgemein die Lohnsteuer nicht mehr als selbständige Steuerart, sondern als besondere Form der Einkommensteuer vom Arbeitslohn, die in der Regel an Stelle einer Veranlagung durch Abzug vom Arbeitslohn, also an der Quelle erhoben wird[22]. Folgerichtig bezeichnet die heutige gesetzliche Regelung expressis verbis den Arbeitnehmer als Steuerschuldner. § 38 Abs. 3 EStG lautet:

„Der Arbeitnehmer ist beim Steuerabzug vom Arbeitslohn Steuerschuldner. Der Arbeitgeber haftet für die Einbehaltung und Abführung der Lohnsteuer. Der Arbeitnehmer (Steuerschuldner) wird nur in Anspruch genommen,

1. wenn der Arbeitgeber den Arbeitslohn nicht vorschriftsmäßig gekürzt hat oder

---

[21] BStBl. III, 55, 213; vgl. auch *Öftering-Görbing*, a.a.O., A 1, und *Blümich-Falk*, Einkommensteuergesetz, 8. Aufl. II, Anm. 2 zu § 38.
[22] z. B. *Öftering-Görbing*, a.a.O.; *Blümich-Falk*, a.a.O., Anm. 2, § 38.

2. wenn der Arbeitnehmer weiß, daß der Arbeitgeber die einbehaltene Lohnsteuer nicht vorschriftsmäßig abgeführt hat und dies dem Finanzamt nicht unverzüglich mitteilt oder
3. wenn der Arbeitnehmer eine Verpflichtung, seine Lohnsteuerkarte berichtigen zu lassen, nicht rechtzeitig erfüllt oder
4. wenn eine Nachversteuerung nach § 10 Abs. 2 durchzuführen ist."

Das gleiche gilt für die *Kirchenlohnsteuer*, die als Annex zur staatlichen Lohnsteuer ausgestaltet ist.

Es ist also heute nicht mehr möglich, von einer Lohnsteuerschuld des Arbeitgebers zu sprechen. Die Kirchenlohnsteuer als Geldleistungspflicht obliegt ausschließlich dem Arbeitnehmer. Der Arbeitgeber „haftet" nur noch für die ordnungsmäßige Einbehaltung und Abführung der Steuer. Seine früher angenommene Rolle als Steuerschuldner ist reduziert auf eine bloße Mitwirkungspflicht bei der Einziehung der Kirchenlohnsteuer und die Haftung für die ordnungsgemäße Erfüllung dieser Pflicht. Wegen dieser völlig verschiedenen Rolle kann sich also der Arbeitgeber bezüglich der Pflicht zur Einbehaltung und Abführung der Kirchenlohnsteuer seiner Arbeitnehmer (die ihrerseits Steuerschuldner sind) nicht auf die Urteile des BVerfG über die Verfassungswidrigkeit der badischen Ortskirchenbausteuer für juristische Personen[23] und des Halbteilungsgrundsatzes in glaubensverschiedener Ehe[24] berufen. Denn sowohl die juristischen Personen im Kirchenbausteuer-Urteil wie auch der kirchenfremde Ehegatte in glaubensverschiedener Ehe wurden als *Steuerschuldner* zur Kirchensteuer herangezogen, und nur dies hat das BVerfG in den erwähnten Urteilen für verfassungswidrig erklärt. Nach materiellem Kirchensteuerrecht ist also der Arbeitgeber nicht betroffen. Die materielle Regelung macht den Arbeitnehmer zum Steuerschuldner.

3. Gleiches gilt von der „Haftung" des Arbeitgebers für den ordnungsmäßigen Eingang der Kirchenlohnsteuer. Für die glaubensverschiedene Ehe hat zwar das BVerfG auch die Haftung des kirchenfremden Ehegatten für die Kirchensteuerschuld des kirchenangehörigen Ehegatten für verfassungswidrig erklärt, und zwar „aus den gleichen Gründen" wie die persönliche Heranziehung zur Kirchensteuer; d. h. es würde der weltanschaulichen Neutralität des Staates widersprechen, wenn der Gesetzgeber den kirchenfremden Ehegatten durch staatlichen Zwang in eine unmittelbare Beziehung zur steuerberechtigten Kirche bringen würde, die der Kirche den unmittelbaren Zugriff auf das Arbeitseinkommen des ihr nicht angehörenden Ehegatten ermöglicht[25].

---
[23] BVerfGE 19, 206.
[24] BVerfGE 19, 226 und 19, 268.
[25] BVerfGE 19, 226 [239].

Ein solcher Sachverhalt liegt hier nicht vor. Einmal besteht die Haftung des Arbeitgebers nicht unmittelbar gegenüber den Kirchen, sondern gegenüber dem Staat, der die Verwaltung der Kirchensteuer übernommen hat. Dazu soll unten in einem anderen Zusammenhang noch Stellung genommen werden. Vor allem aber ist die Haftung des Arbeitgebers anderer Art als die des kirchenfremden Ehegatten. Bei diesem handelt es sich um ein echtes Einstehen für die Kirchensteuerschuld des Ehegatten. Er wurde, wenn der Ehegatte nicht zahlte oder zahlen konnte, unmittelbar in Anspruch genommen und mußte die Kirchensteuerschuld seines Ehegatten aus seinem eigenen Vermögen entrichten. Der Arbeitgeber dagegen haftet nur für die ordnungsgemäße Einbehaltung und Abführung der Kirchensteuer. Er entnimmt den Kirchenlohnsteuerbetrag dem Arbeitslohn des Arbeitnehmers und leitet ihn an den Staat (nicht unmittelbar an die Kirchen) weiter. Er haftet also nicht in gleicher Weise für fremde Schuld wie der kirchenfremde Ehegatte in der glaubensverschiedenen Ehe, sondern hat nur für die Erfüllung der eigenen Pflichten einzustehen. Nur wenn er diese Pflichten nicht ordnungsgemäß erfüllt, kann es dazu kommen, daß er die Kirchenlohnsteuer seines Arbeitnehmers aus eigener Tasche zu zahlen hat. Dabei gilt zu seinem Schutz das Lohnsteuerkartenprinzip[26]. Er kann sich darauf verlassen, daß die Eintragungen der Lohnsteuerkarte, die ihm für die Berechnung der Kirchenlohnsteuer als Unterlage dient, richtig sind. Selbst wenn sie objektiv unrichtig sind, sind sie für ihn verbindlich. Hat z. B. der Arbeitnehmer bei der Behörde, die die Lohnsteuerkarte ausstellt (in der Regel die Gemeindebehörde), seine Zugehörigkeit zu einer steuerberechtigten Kirche verschwiegen und wird infolgedessen vom Arbeitgeber keine Kirchenlohnsteuer einbehalten, dann haftet dieser nicht für die hinterzogene Kirchensteuer.

Nur in Ausnahmefällen kann es also zur Zahlung der Kirchenlohnsteuer des Arbeitnehmers durch den Arbeitgeber kommen, in den gleichen Fällen nämlich, in denen er auch die staatliche Lohnsteuer aus eigener Tasche zu zahlen hat. Aber der Grund ist das Einstehen nicht für fremde Schuld, sondern für die Erfüllung eigener Pflichten. Durch die zitierte Entscheidung des BVerfG ist also die Verfassungswidrigkeit der Haftung des Arbeitgebers aus § 38 Abs. 3 EStG nicht präjudiziert. Während der kirchenfremde Ehegatte auf Grund seiner Haftung sich der Zahlung aus eigenen Mitteln nicht entziehen konnte, kann der Arbeitgeber eine solche Folge durch ordnungsmäßige Erfüllung seiner Pflichten abwenden.

Daran ändert nichts, daß es in gewissen Ausnahmefällen doch zu Zahlungen des Arbeitgebers aus seinem Vermögen kommen kann.

---

[26] Vgl. *Hartz-Over*, Lohnsteuer, Stichwort Steuerkarte.

Oben wurde bereits der Fall angesprochen, daß der Arbeitgeber pflichtwidrig die Kirchenlohnsteuer nicht einbehält, sondern an den Arbeitnehmer mit dem Arbeitslohn auszahlt. Auch wenn der Arbeitgeber den Lohnsteuerjahresausgleich vorzunehmen hat[27] und hierbei dem Arbeitnehmer zuviel an einbehaltener Lohnsteuer — also auch Kirchenlohnsteuer — erstattet hat, haftet der Arbeitgeber dem Finanzamt gegenüber, denn in solchen Fällen ist die Lohnsteuer „nicht richtig" einbehalten[28].

Diese besondere Haftung beruht auf dem vom Gesetzgeber gewählten Lohnsteuersystem, das den Arbeitgeber gewissermaßen zum „Treuhänder" zwischen Staat und Arbeitnehmer macht und ihm öffentlich-rechtliche Pflichten auferlegt, deren Erfüllung nur durch diese spezifische Haftung erzwungen werden kann. Auf diese Besonderheit hat auch das BVerfG in der Entscheidung vom 14. Dezember 1965 (1 BvL 31, 32/62) hingewiesen. Es heißt dort unter Hinweis auf § 38 Abs. 3 Satz 2 EStG:

„Die hier angeordnete Haftung des Arbeitgebers erklärt sich aus seiner erweiterten öffentlichen Dienstleistungspflicht bei der Mitwirkung an steuerlichen Aufgaben. Sie ist besonderer Art, weil der Arbeitgeber hier lediglich ‚für die Einbehaltung und Abführung der Lohnsteuer' haftet, also nur als Beauftragter des Steuerfiskus und als Steuererheber gegenüber Arbeitnehmern auftritt, nicht aber für eine fremde Schuld einzustehen hat. Er ist gleichsam Hilfsorgan der staatlichen Finanzverwaltung." (BVerfGE 19, 226 [240]).

Natürlich ist dieses „obiter dictum" keine Präjudizierung unserer Streitfrage. Es läßt aber erkennen, daß dem BVerfG bisher Bedenken gegen die Haftung des Arbeitgebers für die Kirchenlohnsteuer noch nicht gekommen sind. Diese Haftung steht in engstem Zusammenhang mit der Pflicht zur ordnungsmäßigen Einbehaltung und Abführung der Lohnsteuer, die das BVerfG bisher ebenso wie die Einbehaltung der Arbeitnehmeranteile an den Sozialversicherungsbeiträgen, die Einbehaltung der Kuponsteuer durch die Banken und die Einbehaltung der Versicherungssteuer durch die Versicherungsgesellschaften als Ausfluß der Berufstätigkeit gesehen und deshalb an Art. 12 Abs. 1 GG gemessen hat. Die im Rahmen der gewerblichen Tätigkeit der Arbeitgeber begründeten Arbeitsverhältnisse bringen mit dem Lohnanspruch auch die staatliche wie die Kirchenlohnsteuer zur Entstehung. Hier liegt die Wurzel der Verpflichtung des Arbeitgebers. Mit seinem Verhältnis zu

---

[27] Dies ist der Fall bei Arbeitgebern, die mehr als 10 Arbeitnehmer beschäftigen, sofern es sich nicht um rechtlich schwierige Fälle handelt und wenn nicht der Arbeitnehmer aus besonderen Gründen vom Finanzamt veranlagt wird.
[28] *Hartz-Over*, a.a.O., Stichwort Haftung für Lohnsteuer, Anm. 2 und die dort zitierte Entscheidung des BFH.

Religionsgesellschaften hat dies nichts zu tun. Wenn schon die gesamte Verwaltung der Kirchensteuern durch den Staat mit seiner Pflicht zur religiösen Neutralität vereinbar ist, dann ist es auch die Inpflichtnahme der Arbeitgeber bei der Einziehung der Kirchensteuern im Rahmen dieser Verwaltung, die eine Staatstätigkeit ist. Weder durch die Einbehaltung und Abführung der Kirchenlohnsteuern an die staatlichen Finanzämter noch durch die Haftungsregelung wird der Arbeitgeber zu den steuerberechtigten Religionsgesellschaften in Beziehung gebracht. Vielmehr ist er — auch soweit die Haftung für die Kirchenlohnsteuer in Frage steht — als „Beauftragter des Steuerfiskus" anzusehen. Nur diesem gegenüber haftet er, nicht gegenüber den Kirchen, wenn diesen auch letzten Endes der Ertrag der Kirchenlohnsteuer zufließt und ihnen mittelbar der Erfolg der Tätigkeit und Haftung des Arbeitgebers zugute kommt, nicht anders als die Verwaltungstätigkeit der Finanzämter bei der Einziehung der Kirchensteuern.

4. Da die Verpflichtung zum Lohnabzug weder den Arbeitgeber zum Steuerschuldner der Kirchenlohnsteuer macht, noch eine echte Haftung für die Steuerschuld des Arbeitnehmers begründet, sondern nur ein Einstehen für die ordnungsmäßige Erfüllung gesetzlicher Pflichten, versuchen die Gegner des Lohnabzugs Konstruktionen, die den Arbeitgeber in ein unmittelbares Verhältnis zu den steuerberechtigten Kirchen bringen sollen, soweit sie sich nicht gegen die Übernahme der Kirchensteuerverwaltung durch den Staat selbst richten, die bereits für sich eine Verletzung des Neutralitätsgebots sei. Sicher bestehen für das Besteuerungsrecht der Kirchen Grenzen, die für den Staat nicht selbstverständlich sind[29]. Das gilt nicht nur für das materielle Kirchensteuerrecht, das nur Mitglieder der Kirchen ihrem Besteuerungsrecht unterwerfen darf, sondern auch für das Einziehungsverfahren. Auch hier darf der Gesetzgeber den Religionsgesellschaften keine Hoheitsrechte gegenüber Personen verleihen, die ihnen nicht angehören. Doch bedarf es keiner Prüfung, ob der Staat auch dann, wenn er die Verwaltung der Kirchenlohnsteuer kirchlichen Steuerbehörden überlassen würde, die Arbeitgeber zur Einbehaltung der kirchlichen Lohnsteuer und zur Abführung an kirchliche Steuerbehörden und somit zu einer Tätigkeit unmittelbar für kirchliche Stellen verpflichten könnte, da sich der Gesetzgeber für ein anderes System entschieden hat. Einen besonderen Einwand leitet Rasenack (a.a.O., S. 543) daraus her, daß der Arbeitgeber nicht (wie der Finanzbeamte) in einem besonderen, sondern nur in einem allgemeinen Gewaltverhältnis zum Staat stehe.

In etwa lassen sich die (teilweise einander widersprechenden) Einwendungen wie folgt zusammenfassen:

---
[29] Vgl. *Rasenack*, a.a.O., S. 541.

Während die Verwaltung der Kirchensteuern im allgemeinen — im Einvernehmen bzw. auf Antrag der steuerberechtigten Religionsgesellschaften — den Finanzämtern übertragen wurde, werde bei der Kirchenlohnsteuer der Arbeitgeber zum „Steuereinnehmer"; er werde „im Wege der Überbürdung" gezwungen, sie neben der staatlichen Lohnsteuer einzubehalten. Was dem Finanzbeamten, der sich freiwillig in ein besonderes Gewaltverhältnis begeben habe, zuzumuten sei, werde beim Arbeitgeber, der nur im allgemeinen Gewaltverhältnis des Staates stehe, verfassungswidrig, wenn er nicht zufällig der Kirche angehöre, für die er die Kirchenlohnsteuer einziehe. Wenn er mit Aufgaben betraut werde, die ihrer Natur nach staatliche Aufgaben seien, dürfe dies nur zugunsten des Staates, nicht aber dem Arbeitgeber fremder Kirchen geschehen. Befugnisse, die dem Staat als Steuereinnehmer zustehen, dürfe er nicht ohne weiteres auf weltanschauliche oder religiöse Vereinigungen übertragen. Dadurch verletze er seine Pflicht zur religiösen Neutralität[30]. Andererseits wird die Heranziehung zum Lohnabzugsverfahren als „Eingliederung in den technischen staatlichen Apparat zur Durchführung der Besteuerung" gesehen, die mit Art. 4 Abs. 1 GG unvereinbar sei[31]. Da mit der Berechnung, Einbehaltung und Abführung der Kirchenlohnsteuer ein Kostenaufwand für den Arbeitgeber verbunden sei, werde er auch verfassungswidrig zur finanziellen Unterstützung der ihm fremden Kirche gezwungen. Es wird weiter damit argumentiert, daß der Kirchensteuerbegriff „enger" sei als der der Staatssteuer. Während letztere der Aufbringung von Mitteln für allgemeine Zwecke dient, ist die Kirchensteuer „eingeschränkt" auf den kirchlichen Finanzbedarf, und deshalb sei die Erhebung und Durchsetzung der Kirchensteuer formal und materiell auf die Kirchenmitglieder beschränkt. Das Abzugsverfahren sei eine „öffentliche Last", die nur vom Staat und nicht von den Religionsgesellschaften auferlegt werden dürfe. Am deutlichsten hat diesen Gedankengang das Landesarbeitsgericht Düsseldorf ausgesprochen: „Der Arbeitgeber wird durch das Abzugsverfahren verpflichtet, auch für eine Konfession Steuern einzubehalten, der er nicht angehört, und wird so zu einem Hilfsorgan dieser ihm fremden Kirche[32]."

Zunächst sei vorausgeschickt, daß es keiner Prüfung bedarf, ob der Arbeitgeber bei der Durchführung des Lohnabzugs in einem besonderen Gewaltverhältnis steht, ob er in die staatliche Steuerverwaltung „integriert" oder ob sein Pflichtverhältnis ein „allgemeines" Gewaltverhältnis ist. Wäre er in die staatliche Finanzverwaltung integriert, stünde er ähnlich wie der Finanzbeamte in einem besonderen Gewalt-

---
[30] Vgl. hierzu *Rasenack*, a.a.O.
[31] *Böhlig*, a.a.O., S. 177 ff.
[32] RdA 1950 S. 38.

verhältnis, dann würde das vorliegende Problem überhaupt nicht bestehen. Denn es ist wohl keine Frage, daß der Finanzbeamte sich weder auf die religiöse Neutralität des Staates noch auf seine Bekenntnisfreiheit berufen könnte, um die Verwendung bei der Bearbeitung von Kirchensteuern abzulehnen. Gehen wir also davon aus, daß der Arbeitgeber hier in eine allgemeine staatsbürgerliche Pflicht genommen ist auf Grund der allgemeinen Finanzgewalt des Staates, die grundsätzlich jeden Staatsbürger in angemessener Weise bei der Verwaltung der Steuern heranziehen darf. Man mag diese Pflicht auch als öffentliche Last bezeichnen.

Von erheblicher Bedeutung ist ferner die Feststellung, daß das Kirchenlohnsteuerverfahren kein selbständiges Verfahren gegenüber der staatlichen Lohnsteuer ist. Vielmehr ist beides — staatliche Lohnsteuer und Kirchenlohnsteuer — derart miteinander verquickt, daß das Kirchenlohnsteuerverfahren nur „akzessorisch", ein „Anhängsel" des staatlichen Lohnsteuerverfahrens ist. Die Kirchenlohnsteuer wird uno actu mit der staatlichen Lohnsteuer berechnet, einbehalten und an das Finanzamt abgeführt.

Es ist kaum zu bestreiten, daß dem Arbeitgeber durch den Lohnsteuerabzug als solchen eine erhebliche Last aufgebürdet wird. Er muß die Lohnkonten seiner Arbeitnehmer in besonderer Weise führen, die (staatliche) Lohnsteuer berechnen, auf diese Weise den Nettolohnbetrag feststellen, der an den Arbeitnehmer auszuzahlen ist. Der Arbeitgeber muß ferner ein besonderes Lohnsteuerkonto führen und regelmäßig in kürzeren Zeitabständen mit dem Finanzamt abrechnen. Diese Arbeit hat er zusätzlich zu der Berechnung und Abführung der sozialen Versicherungsbeiträge zu leisten, wenngleich die Vorarbeit für die eine Arbeit der anderen zugute kommt. All diese recht erhebliche Arbeit, die zugleich einen Kostenaufwand bedeutet, entsteht bereits beim Lohnabzug für die staatliche Lohnsteuer. Demgegenüber ist der Arbeitsaufwand für die zusätzliche Einbehaltung der Kirchenlohnsteuer verhältnismäßig gering. Auf Grund der Eintragungen der Lohnsteuerkarte muß der Arbeitgeber feststellen, ob der Arbeitnehmer einer steuerberechtigten Religionsgesellschaft angehört. Ist dies einmal geschehen, dann braucht der Arbeitgeber an Hand der Kirchenlohnsteuertabelle nur noch den prozentualen Zuschlag der Kirchenlohnsteuer zu berechnen, in einer Kirchenlohnsteuerliste die anfallenden Beträge zu erfassen und sie an das Finanzamt in einer Summe oder (in den meisten Ländern) getrennt nach Religionsgesellschaften an das Finanzamt abzuführen. Da dies uno actu mit der staatlichen Lohnsteuer geschieht, ist der Mehraufwand an Arbeit und Kosten nicht sehr erheblich, selbst wenn man berücksichtigt, daß es in Ausnahmefällen bei zweifelhafter Rechtslage zu Auseinandersetzungen mit Arbeitnehmer und Finanzamt kommt. Für den Arbeitgeber ist diese Mehrarbeit zumutbar, während dem Finanzamt dadurch eine außergewöhnliche Belastung erspart wird.

Wäre der Lohnabzug der Kirchenlohnsteuer unzulässig (verfassungswidrig), dann müßte der Staat seinerseits besondere Kirchenlohnsteuerlisten, getrennt nach Kirchenzugehörigkeit, aufstellen und sie besonderen Kirchensteuerbehörden überlassen, die dann ihrerseits die Kirchenlohnsteuer an Hand dieser „bürgerlichen Steuerlisten" berechnen, veranlagen und die Bescheide zustellen müßten. Es darf angenommen werden, daß bei dieser Methode in zahlreichen Fällen die Kirchenlohnsteuer nicht freiwillig gezahlt würde, sondern beigetrieben werden müßte. Dadurch würde nicht nur den Kirchen ein außerordentlicher Arbeitsanfall und Kosten entstehen, sondern auch die Belastung der Finanzämter und der Arbeitgeber wäre erheblich größer. Denn die Kirchenlohnsteuerpfändung würde zuerst vom Arbeitslohn geschehen. Die Berechnung der pfändungsfreien Beträge, die Lohnabrechnung unter Berücksichtigung des gepfändeten Lohnbetrages wären für den Arbeitgeber erheblich komplizierter als die Berechnung des Zuschlags zur staatlichen Lohnsteuer. Dazu kommt die Möglichkeit von Differenzen mit dem Arbeitnehmer und dem Finanzamt über die Höhe des zulässigen Pfändungsbetrages und in manchen Fällen noch Vollstreckungsgegenklagen. Man nehme hinzu, daß es auch für den Arbeitnehmer bequemer ist, wenn ihm die Kirchenlohnsteuer in kleineren Beträgen automatisch abgezogen wird, als wenn er auf Grund eines Kirchensteuerbescheides unversehens einen größeren Betrag auf einmal bei der Kirchensteuerkasse einzahlen müßte (auch Steuern sind Bringschulden) und bei nicht rechtzeitiger Zahlung noch Säumniszuschläge riskierte. Es ist dann ohne weiteres klar, daß das System der Kirchenlohnsteuer als Zuschlag zur staatlichen Lohnsteuer für alle Beteiligten vorteilhaft ist und allen erhebliche Arbeit, Kosten und Ärger erspart.

Mit der Feststellung der Zweckmäßigkeit und „Sachgerechtheit"[33] der Regelung ist freilich noch nicht ihre Übereinstimmung mit der Verfassung erwiesen. Die Sachgerechtigkeit spielt in der Rechtsprechung des BVerfG zu Art. 3 GG ihre Rolle. Der Gleichheitssatz ist nach Auffassung des BVerfG erst dann verletzt, wenn die vom Gesetzgeber gewählte Regelung in keiner Weise „vernünftig", „sachgerecht" ist. Mit der Berufung auf die Zweckmäßigkeit und Sachgerechtigkeit lassen sich deshalb Einwände aus Art. 3 GG widerlegen. Die Prüfung, ob

---

[33] Vgl. Urteil des BayVerfGH vom 17. 10. 1967, BayVerfGHE 20, 171 = Juristenzeitung 1968, S. 179 (mit zust. Anm. Scheven), das eine Verletzung des Rechtsstaatsprinzips mit dem Hinweis auf die Zweckmäßigkeit und Sachgerechtheit der Leistung ausschloß.

andere Konstitutionsprinzipien (etwa die Rechtsstaatlichkeit oder das Verhältnis von Kirche und Staat) oder Grundrechte verletzt sind, wird dadurch nicht erspart.

Prüft man nun die verfassungsrechtliche Zulässigkeit des Lohnabzugs für die Kirchenlohnsteuer an der Verpflichtung zur weltanschaulichen Neutralität des Staates, wird man einen Widerspruch nicht feststellen können. Wie oben dargelegt, ist gerade die Einräumung eines Besteuerungsrechtes an die Kirchen eine von der Verfassung selbst gesetzte Modifizierung jenes Prinzips. Aus historisch bedingten Gründen hat sich der Staat verfassungsrechtlich (und weitgehend vertraglich) gebunden, und zwar nicht nur hinsichtlich der Gewährung des Besteuerungsrechts, sondern auch der eigenen Mitwirkung bei der Durchführung der Besteuerung. Bezeichnend ist, daß diese Modifizierung des Grundsatzes der Neutralität im selben Art. 137 WRV, der in das GG aufgenommen wurde, statuiert ist: Art. 137 Abs. 1 gibt das Prinzip der grundsätzlichen Trennung von Staat und Kirche, das Prinzip der Neutralität; Abs. 6 desselben Artikels das Besteuerungsrecht sowie die Verpflichtung zum Erlaß der erforderlichen Gesetze und zur verwaltungsmäßigen Mitwirkung bei der Durchführung der Besteuerung; im ersten Absatz des Art. 137 also das Verbot jeglicher institutionellen Verbindung von Staat und Kirche, in Abs. 6 die Ausnahme, in der sich der Staat verpflichtet, eigene Institutionen der Kirche zur Verfügung zu stellen: seine Steuerbehörden bei Veranlagung und Einziehung von Steuern, seine Vollstreckungsbehörden zur Durchführung des Steuerzwanges.

Die Verfassung selbst statuiert also — als Ausnahme vom Neutralitätsgebot — die Pflicht zum Zusammenwirken, wobei über das Ausmaß nichts Konkretes ausgesagt wird. Infolgedessen hat der Gesetzgeber ein weites Ermessen: Er kann — auch unter dem Gesichtspunkt des Schutzes der Staatsbürger — das Steuerrecht der Kirche bis ins einzelne regeln; er kann sich aber auch auf eine Ermächtigung an die Kirchen beschränken, die dann ihrerseits in Kirchensteuerordnungen die Einzelheiten festlegen. Diese bedürfen der Zustimmung der staatlichen Behörden, werden dann Bestandteil des staatlichen Kirchensteuerrechts und bilden die Grundlage für die staatliche Mitwirkung einschließlich des Vollstreckungszwanges. Durch die staatliche Ermächtigung und Bestätigung werden die Kirchensteuerordnungen auch für die staatlichen Organe verbindliches Recht. Diesen weiten Spielraum der Gestaltungsmöglichkeiten hat das BVerfG — vor allem in der Entscheidung vom 14. Dezember 1965 — 1 BvR 568/58 — (BVerfGE 19, 248 [258]) — bestätigt:

„Auf Grund des in Art. 137 Abs. 1 und 3 WRV geregelten Verhältnisses von Staat und Kirche kann der Landesgesetzgeber sich auf die allgemeine

Ermächtigung zur Erhebung von Kirchensteuer — unter bestimmten Genehmigungsvorbehalten — beschränken und die Einzelregelung des formellen und materiellen Kirchensteuerrechts den steuerberechtigten Religionsgesellschaften innerhalb der Schranke des für alle geltenden Gesetzes überlassen. Er kann die Kirchensteuererhebung aber auch selbst in allen Einzelheiten gesetzlich regeln. Die Kirchensteuer kann sich hinsichtlich des Steuersatzes an die Staatssteuern in Form von Zuschlägen anschließen oder auf einem anderen System, wie z. B. der Festsetzung von Einheitssätzen oder der Einschätzung, beruhen (vgl. PrOVG 84, 232; 87, 238)."

In dieser Entscheidung ging das BVerfG sogar so weit, daß es die Kirchensteuerordnung für die evangelisch-lutherische Kirche in Hamburg von 1959 für verfassungsmäßig erklärte, obgleich sie nicht auf einer besonderen gesetzlichen Ermächtigung beruhte, sondern auf einer beim Inkrafttreten der WRV vorhandenen allgemeinen staatlichen Anerkennung des Besteuerungsrechts dieser Kirche.

Im Rahmen dieses außerordentlich weiten Ermessens, das das verfassungsrechtliche Verhältnis von Staat und Kirche in der Bundesrepublik hergibt, konnte der Gesetzgeber den staatlichen Instanzen auch die volle Verwaltung der Kirchensteuern aufbürden, ohne gegen den Grundsatz der Neutralität zu verstoßen. Er konnte hierbei die ihm am zweckmäßigsten erscheinende Regelung wählen, die er als die für alle Beteiligten und ihn selbst bequemste hielt. Insbesondere durfte er auch der Kirche den kostspieligen Aufbau einer eigenen Kirchensteuerverwaltung ersparen und damit dazu beitragen, daß die Höhe der Kirchensteuern in mäßigen Grenzen gehalten wurde. Nach Schätzungen würde eine kircheneigene Verwaltung der Einkommen- und Lohnsteuern mindestens 20 % des Steuerertrages verzehren, also eine Erhöhung des Zuschlages erforderlich machen. In diesem Zusammenhang spielen die in der oben erwähnten Entscheidung des BayVerfGH angeführten Gesichtspunkte der Sachgerechtigkeit und Zweckmäßigkeit ihre Rolle. Sie erhalten ihre Rechtfertigung nicht so sehr aus dem Rechtsstaatsprinzip als vielmehr aus der spezifischen Verfassungsregelung des Verhältnisses von Staat und Kirche.

In diesem Sachzusammenhang ist auch die Heranziehung des Arbeitgebers zur Einbehaltung und Abführung der Kirchenlohnsteuer wie auch seine Haftung für die Erfüllung dieser Pflicht zu sehen. Sie ist für den Staat außerordentlich praktisch, da sie ihm ungewöhnlich große Mehrarbeit erspart, während sie für den Arbeitgeber eine relativ geringe Mehrbelastung gegenüber der erheblichen Arbeit bedeutet, die ihm durch den Lohnsteuerabzug bei der staatlichen Lohnsteuer als der Maßstabsteuer für die Kirchenlohnsteuer entsteht. Diese in sich vernünftige und gerechte Regelung ist also mit dem Grundsatz der religiösen Neutralität des Staates vereinbar.

Dem kann auch nicht das Verfassungsverbot, einer Religionsgesellschaft hoheitliche Befugnisse gegenüber Personen zu verleihen, die keiner Religionsgesellschaft angehören[34], entgegengehalten werden, wenigstens soweit dieses Verbot aus der Pflicht zur religiösen Neutralität des Staates abgeleitet wird. Es kann dahinstehen, ob es mit diesem Verbot vereinbar wäre, wenn bei einem anderen System der Einziehung der Kirchenlohnsteuer Verpflichtungen des Arbeitgebers unmittelbar gegenüber den Religionsgemeinschaften begründet würden. Bei der konkreten Regelung des Lohnabzugs der Kirchenlohnsteuer wird dieses Verbot nicht tangiert. Der Arbeitgeber wird zu steuerberechtigten Kirchen in keine Beziehung irgendwelcher Art gebracht. Er hat die Kirchenlohnsteuer nicht für eine bestimmte Kirche einzubehalten, sondern für alle Religionsgesellschaften, deren Mitglieder seine Arbeitnehmer sind, ohne jeglichen Unterschied. Nur die Mitgliedschaft von Arbeitnehmern bei Religionsgesellschaften ist von Bedeutung. Nur nach ihren religiösen Bindungen ist gefragt. Auf die religiöse Einstellung des Arbeitgebers kommt es nicht an. Er bleibt bei der Erfüllung seiner Pflicht den Religionsgesellschaften gegenüber ebenso neutral wie der Staat, für den er genauso wie bei der Einbehaltung und Abführung der staatlichen Lohnsteuer auch bei dem zusätzlichen Abzug der Kirchenlohnsteuer tätig wird. Den Interessen des Staates dient diese Regelung in erster Linie, wenn ihr Erfolg auch den Religionsgesellschaften zugute kommt. Nur mit den staatlichen Instanzen hat der Arbeitgeber zu tun, zumal auch das Finanzamt und nicht die Kirchenbehörden über die Niederschlagung gemäß § 130 AO entscheiden[35]. Wenn auch über Stundung und Billigkeitserlaß letzten Endes die Kirchenbehörden entscheiden, sind doch die entsprechenden Anträge an das Finanzamt zu richten, das sie an die Kirchenbehörden weiterleitet und das Ergebnis der Entscheidung den Arbeitgebern im Rahmen der Abrechnung mitteilt. Soweit die Stundung der staatlichen Lohnsteuer beantragt wird — und dies ist der normale Fall —, erstreckt sich (in den meisten Ländern) die vom Finanzamt gewährte Stundung auch auf die Kirchenlohnsteuer. In jeder Weise ist also eine Beziehung des Arbeitgebers zur steuerberechtigten Kirche geradezu ängstlich vermieden. In jeder Hinsicht schiebt sich das Finanzamt zwischen den Arbeitgeber und die Kirche, an die lediglich der Ertrag der Kirchenlohnsteuer vom Finanzamt abgeführt wird. Bei dieser Regelung kann keine Rede davon sein, daß den Kirchen hoheitliche Befugnisse über Staatsbürger eingeräumt sind, die ihnen nicht angehören.

Unter diesem Aspekt sind auch die „finanziellen Leistungen" zu sehen, die der Arbeitgeber beim Kirchenlohnsteuerabzug durch er-

---
[34] Vgl. BVerfGE 19, 206, Leitsatz 3.
[35] Vgl. *Hartz-Over*, Stichwort Kirchensteuerabzug.

höhte Aufwendungen seiner Buchhaltung erbringt. Mögen sie letzten Endes den Kirchen zugute kommen und für sie eine erhebliche Einsparung bedeuten, da sie keine eigenen Steuerbehörden zu unterhalten brauchen — Leistungen an die Kirche sind es nicht, so daß der oben zitierte Leitsatz des BVerfG (BVerfGE 19, 206, LS 3) nicht zutrifft. Vielmehr sind es Leistungen an den Staat, der die Hilfe des Staatsbürgers in Anspruch nimmt, um seine eigenen Verpflichtungen gegenüber den Kirchen erfüllen zu können. In diesem Sinne sind es „staatsbürgerliche Pflichten" (im Gegensatz zur Steuerzahlung selbst), die der Staat allen seinen Staatsbürgern auferlegen darf, die Arbeitgeber sind, ohne Rücksicht auf die Zugehörigkeit zu einer Religionsgesellschaft.

III. Die Pflicht des Arbeitgebers zum Kirchensteuerabzug ist mit Art. 4 GG vereinbar

1. Ist das Abzugsverfahren für die Kirchenlohnsteuer mit der Pflicht des Staates zu religiöser Neutralität vereinbar, läßt es sich aus Art. 137 Abs. 6 WRV i. V. m. Art. 140 GG rechtfertigen und in das staatskirchenrechtliche System des GG einpassen, dann steht es jedenfalls nicht in Widerspruch zur „verfassungsmäßigen Ordnung" des GG, die eine Schranke für die in Art. 2 Abs. 1 GG garantierte allgemeine Handlungsfreiheit ist. Art. 2 Abs. 1 GG ist somit nicht verletzt[36]. Trotzdem könnte es wegen Verletzung anderer Grundrechte der Arbeitgeber verfassungswidrig sein. In Frage steht hier in erster Linie das Grundrecht aus Art. 4 Abs. 1 GG, das Grundrecht auf Glaubens- und Bekenntnisfreiheit. Es muß deshalb zunächst das Verhältnis von Art. 4 GG zu den Kirchenartikeln, Art. 136 ff. WRV i. V. m. Art. 140 GG untersucht werden. Das BVerfG brauchte im Kirchenbausteuerurteil diesen Fragenkomplex nicht zu prüfen, weil es bereits wegen Verletzung von Art. 2 Abs. 1 GG zu einer Nichtigkeitserklärung der beanstandeten Bestimmungen der Ortskirchensteuergesetze kam. Es ließ deshalb die Frage, ob juristische Personen sich auf Art. 4 Abs. 1 berufen könnten, ausdrücklich dahingestellt, wobei es die darauf basierende Begründung der Beschwerdeführer als „nicht offensichtlich unhaltbar" für die Zulässigkeit der Verfassungsbeschwerde als ausreichend erklärte. Damit hat das BVerfG die Frage, ob zum Inhalt des Art. 4 die sog. „religiöse Finanzierungsfreiheit" (i. S. von Klein) gehöre, weder positiv, noch negativ entschieden[37]. Es ist keineswegs so, daß die durch Art. 140 GG in das GG inkorporierten Art. 136 bis 138 und 141 WRV als Sonder-

---

[36] Vgl. Kirchenbausteuerurteil BVerfGE 19, 206 (215 ff.).
[37] Vgl. *Hollerbach*, Das Staatskirchenrecht in der Rechtsprechung des Bundesverfassungsgerichts, Archiv des öffentlichen Rechts, Bd. 92, 1967, S. 106 f.

verfassungsrecht und Ausnahmebestimmungen dem Art. 4 GG vorgingen und ihn in der Weise begrenzten, daß sich niemand gegenüber den in Art. 140 GG verbrieften Rechten der Religionsgesellschaften auf seine Glaubens- und Bekenntnisfreiheit berufen könnte. Art. 4 GG wird also nicht durch die Kirchen-Artikel verdrängt. Auf der anderen Seite hat Art. 4 GG trotz des hohen Wertes, den das GG den Grundrechten und insbesondere der Glaubens- und Gewissensfreiheit zubilligt, keinen höheren Rechtsrang als die Kirchen-Artikel etwa mit der Wirkung, daß letztere bei einer Konkurrenz mit Art. 4 GG schlechthin zurückzutreten hätten.

Geht man von der sicher zutreffenden Vorstellung aus, daß (aus einer gewissen Verlegenheit heraus) der Parlamentarische Rat den Wortlaut von Artikeln einer bereits abgestorbenen Verfassung übernommen und in ein neues Verfassungssystem eingefügt hat, dann können die Weimarer Kirchen-Artikel nicht mehr in ihrem früheren Sinn ausgelegt werden. Es kann ihnen auch nicht eine Art Sonderdasein im System des GG zugebilligt werden. Vielmehr sind sie als „Bestandteil" des GG im Zusammenhang mit dem übrigen Inhalt des GG zu sehen. Das BVerfG sagt nach einer kurzen Darstellung der Entstehungsgeschichte dazu:

„Die inkorporierten Artikel sind damit vollgültiges Verfassungsrecht der Bundesrepublik Deutschland geworden und stehen gegenüber den anderen Artikeln des Grundgesetzes nicht etwa auf einer Stufe minderen Ranges. Wenn das Grundgesetz auch nur als Einheit begriffen werden kann, so hat dies jedoch nichts mit der Bedeutung und dem inneren Gewicht der einzelnen Normen zu tun (BVerfGE 3, 225 [232]). Das Verhältens zwischen den inkorporierten Kirchenartikeln und anderen, im Grundgesetz unmittelbar getroffenen Regelungen ist aus dem Zusammenhang der grundgesetzlichen Ordnung selbst zu bestimmen, wobei von Bedeutung ist, daß das Grundgesetz nicht alle Bestimmungen der Weimarer Verfassung über die Beziehung von Kirche und Staat, insbesondere nicht den Art. 135 WRV, übernommen hat[38]."

Es muß also eine Auslegung gesucht werden, die das besondere Gewicht der Wertentscheidung des (zum Unterschied von Art. 135 WRV) ohne Gesetzesvorbehalt versehenen Art. 4 Abs. 1 und 2 GG zum Ausgleich bringt mit der Bedeutung, die das GG dem öffentlichen Wirken der Kirchen beimißt, die in der durch die Verfassung eingeräumten Sonderstellung ihren Ausdruck gefunden hat. Das kann dazu führen, daß in der Tat der Glaubensfreiheit im GG ein solches Gewicht gegeben wird (zumal Art. 4 GG den früheren Art. 135 WRV mit seinem Gesetzesvorbehalt verdrängt hat), daß die Rechte der Kirche gegenüber der Weimarer Zeit abgeschwächt erscheinen. Auf der anderen

---

[38] BVerfGE 19, 206 [219].

Seite vermag die Rechtsstellungsgarantie der Kirchen-Artikel als Einschränkung der Bekenntnisfreiheit zu wirken. Für die Lösung eines etwaigen Konflikts zwischen Art. 4 GG und den Kirchen-Artikeln hat sich das BVerfG auf den schriftlichen Bericht zum XI. Abschnitt des GG berufen, den der Abgeordnete Brentano dem Parlamentarischen Rat vorgelegt hatte:

> „Die rechtliche Bedeutung und Tragweite der zu Bestandteilen dieses Grundgesetzes erklärten Artikel der Weimarer Verfassung ist nicht richtig zu ermessen, wenn ihre Auslegung primär aus dem Blickpunkt der früheren Reichsverfassung erfolgen oder ihre Betrachtung isoliert vorgenommen würde. Sinn und Zweck, wie sie den Bestimmungen heute richtigerweise zukommt, ergibt sich vielmehr nur aus der Tatsache ihrer Einbettung in das gesamte Wertsystem des Grundgesetzes, ihres Einbezogenseins in den Rahmen der Gesamtentscheidung, dessen Ausdruck das Grundgesetz ist ...
> Zu beachten ist weiter, daß, soweit das Grundgesetz selbst durch eine an anderer Stelle — sei es im Grundrechtsteil oder anderwärts — vorgenommene Formulierung den rechtlichen Gehalt eines Rechtsgedankens der Artikel 136 ff. der Weimarer Verfassung in erkennbarer Weise verstärken will, die entsprechenden Vorschriften der früheren Reichsverfassung durch die einschlägige anderweitige Regelung ergänzt und damit erweitert („überhöht") werden. Soweit die Weimarer Verfassungsartikel zu anderen Bestimmungen des Grundgesetzes in Widerspruch stehen, gehen letztere vor, und erstere sind nicht mehr anwendbar."

(Schriftlicher Bericht zum XI. Abschnitt des Grundgesetzes, S. 73 f.)[39].

Das Gericht fährt dann fort:

> „Diese Auffassung entspricht der Rechtsprechung des Bundesverfassungsgerichts, nach der die einzelnen Artikel des Grundgesetzes so ausgelegt werden müssen, daß sie mit den elementaren Grundsätzen des Grundgesetzes, insbesondere den Grundrechten, und seiner Werteordnung vereinbar sind (vgl. BVerfGE 1, 14 [32]; 7, 198 [205]). Vornehmstes Interpretationsprinzip ist die Einheit der Verfassung als eines logisch-teleologischen Sinngebildes, weil das Wesen der Verfassung darin besteht, eine einheitliche Ordnung des politischen und gesellschaftlichen Lebens der staatlichen Gemeinschaft zu sein."

2. Es kann also eine Regelung der Kirchensteuer zwar mit dem staatskirchenrechtlichen Verhältnis des GG vereinbar sein und trotzdem Art. 4 GG verletzen; doch darf dabei Art. 4 GG nicht isoliert gesehen werden; vielmehr wird sein Inhalt und seine Tragweite beeinflußt durch die den Kirchen gewährten institutionellen Garantien. Dabei ergibt sich naturgemäß ein großer Auslegungsspielraum, der zu weit auseinandergehenden Auffassungen geführt hat.

Auf der einen Seite wird die Meinung vertreten, daß Glaubens- und Gewissensfreiheit mit finanziellen Pflichten überhaupt nichts zu tun

---

[39] BVerfGE 19, 206 [219 f.].

haben. In einem dem BVerfG vorgelegten Gutachten[40] nimmt Liermann Bezug auf eine von Hans Peters vertretene Auffassung, daß der Zwang zur Ziviltrauung für gläubige Katholiken, die die Ziviltrauung ablehnen, noch keine Verletzung von Art. 4 GG darstelle. Liermann fährt fort:

„Die Erfüllung einer vom Gesetz festgelegten Steuerpflicht bedeutet noch viel weniger ein ‚Bekennen' als das widerspruchslose Anhören einer Erklärung, deren Inhalt man nicht billigt. Niemand wird auf den Gedanken kommen, die Zahlung der Kirchensteuer von seiten eines Dissidenten für den einer Kirche angehörenden Ehegatten als ein Bekenntnis zu dieser Kirche aufzufassen."

Und Hans Peters[41] selber bringt Art. 4 GG in unmittelbare Nähe zu Art. 1 GG (Würde des Menschen). Er verlegt das Gewicht von Glaubens- und Gewissensentscheidungen in ein „forum internum". Bei der verfassungsrechtlichen Gewährleistung geht es ihm deshalb weniger um diese Entscheidungen als vielmehr um das, was der Staat gegenüber den gewaltunterworfenen Menschen *nicht* tun darf. Er verschiebt damit das Schwergewicht von der eigentlichen Glaubens- und Gewissensfreiheit zur Bekenntnisfreiheit. Dadurch engt er im Effekt den Verfassungsschutz ein auf die „freie Kundgabe einer inneren Glaubens- oder Gewissensentscheidung". Er fährt fort:

„Das Recht auf die Freiheit des Bekenntnisses beschränkt sich also darauf, daß jedermann sein äußeres Bekenntnis mit dem inneren in volle Übereinstimmung bringen kann. Nichts zu tun mit der Bekenntnisfreiheit hat indes das wirtschaftliche Interesse des Staatsbürgers daran, möglichst wenig Steuern, also auch möglichst wenig Kirchensteuern zu zahlen. Ebensowenig schützt die Bekenntnisfreiheit die Staatsbürger davor, daß die von ihm entrichteten Steuern mittelbar oder unmittelbar einer Kirche zufließen, der er nicht angehört, wenn dabei seine Nichtzugehörigkeit offenbar bleibt."

Dem steht die These Kleins[42] von der „negativen Finanzierungsfreiheit" schroff gegenüber, die von anderen Autoren und dem Bundesverwaltungsgericht übernommen wurde. Das Grundrecht der Religions- und Weltanschauungsfreiheit betreffe nicht nur Religionen, sondern Weltanschauungen schlechthin, auch irreligiöse und religionsfeindliche. Es umfasse positive und negative Verhaltensweisen. Zu letzteren gehöre auch die Freiheit, die Förderung von Weltanschauungen durch finanzielle Leistungen abzulehnen. Niemand dürfe zu

---
[40] R. *Liermann*, Rechtsgutachten für die Kirchensteuerverfahren des BVerfGE (Manuskript) vom 19. April 1965, S. 7, 8.
[41] *Hans Peters*, Rechtsgutachten zur Frage der Kirchensteuerhaftung in glaubensverschiedenen Ehen vom 16. Oktober 1956, 30. 7. 1958 und 12. 4. 1965 (Manuskript S. 60 ff.).
[42] *Klein*, in: v. *Mangoldt-Klein*, Das Bonner Grundgesetz Anm. II zu Art. 4, und „Rechtsgutachten über die Frage der Verfassungsmäßigkeit der Kirchenbausteuer in Baden", 1954, S. 263 ff.

Zahlungen gezwungen werden, die direkt oder indirekt einer Kirche zugute kommen, der man nicht angehört, ja die man vielleicht bekämpft, jedenfalls ablehnt. Klein bezeichnet dies als „negative Finanzierungsfreiheit" (ein sicher nicht sehr glücklicher Ausdruck). Sie beziehe sich sowohl auf die Bekenntnis- als auch auf die Kultus- und religiöse Vereinigungsfreiheit; sie richte sich gegen den Staat und bedeute, daß der Staat keinen Staatsbürger zwingen dürfe, Weltanschauungsgemeinschaften (hier die Kirchen) materiell zu fördern oder zu unterstützen. Im übrigen betreffe sie alle Arten von Geld- und Sachleistungen der durch das Grundrecht geschützten Staatsbürger[43]. Dagegen nimmt Klein ausdrücklich staatliche Zuschüsse an Religionsgesellschaften aus, da sie nicht Leistungen des Staatsbürgers, sondern des Staates seien und ihre Aufbringung durch den Staatsbürger demgemäß eine Leistung nicht an die Kirchen, sondern für und an den Staat sei[44]. Diese negative Finanzierungsfreiheit stehe als Bestandteil der Religions- und Weltanschauungsfreiheit auch juristischen Personen zu[45].

Das BVerfG hat die allzu engen Auffassungen von Hans Peters und Liermann, die nur die positive Seite der Bekenntnisfreiheit sehen, bekanntlich abgelehnt. Es neigt der umfassenderen Auffassung Kleins zu, ohne indessen allen seinen Schlußfolgerungen beizupflichten. Es hat ausdrücklich ausgesprochen, daß die Glaubensfreiheit nicht nur im positiven, sondern auch im negativen Sinne gewährleistet sei. Sie sichert

„dem Einzelnen einen Rechtsraum, in dem er sich die Lebensform zu geben vermag, die seiner Überzeugung entspricht, mag es sich dabei um ein religiöses Bekenntnis oder eine irreligiöse — religionsfeindliche oder religionsfreie — Weltanschauung handeln. Insofern ist die Glaubensfreiheit mehr als religiöse Toleranz, d. h. bloße Duldung religiöser Bekenntnisse oder irreligiöser Überzeugungen. Denn sie erlaubt nicht nur auszusprechen und auch zu verschweigen, daß und was man glaubt. Dem Sinn dieser im Grundgesetz getroffenen Entscheidung entspricht es vielmehr, die Glaubensfreiheit auch auf die Werbung für wie für Abwerbung von einem fremden Glauben zu erstrecken." (BVerfGE 12, 1 [3, 4]).

Glaubensfreiheit ist danach mehr als nur das Recht auf „freie Kundgabe einer inneren Glaubens- oder Gewissensentscheidung". Artikel 4 Abs. 1 deckt das Recht der Kirchen zu missionieren, aber auch das Recht, Kirchen und Religionsgesellschaften und ihre Lehren zu bekämpfen (das ist keineswegs selbstverständlich; Art. 1 der griechischen Verfassung verbietet die Proselytenmacherei, d. h. das Abwerben von

---

[43] Gutachten S. 271.
[44] Gutachten S. 273.
[45] Gutachten S. 278.

der orthodoxen Kirche und stellt sie unter Strafe). Deshalb ist auch das Recht, die materielle Unterstützung von Religionsgesellschaften abzulehnen, von Art. 4 Abs. 1 GG gedeckt. Auf der anderen Seite bekennt sich das BVerfG zu Grenzen des Grundrechts, die sich aus der allgemeinen Werteordnung des GG ergeben. Naturgemäß sind solche immanenten Schranken schwer zu bestimmen. Immerhin stellt das BVerfG fest, Art. 4 GG habe nicht jede „wie auch immer geartete freie Betätigung des Glaubens schützen wollen, sondern nur diejenige, die sich bei den heutigen Kulturvölkern auf dem Boden gewisser übereinstimmender sittlicher Grundanschauungen im Laufe der geschichtlichen Entwicklung herausgebildet hat". Diese ungenaue Umgrenzung erlaubt nur in Ausnahmefällen die Annahme, daß die in Art. 4 GG gemeinte Glaubensfreiheit überhaupt nicht tangiert sei[46]. Leichter lassen sich Schranken der Religionsfreiheit durch andere Grundrechte bestimmen. Im oben erwähnten Fall hat das BVerfG den Mißbrauch der Religionsfreiheit verurteilt, weil er die Menschenwürde anderer, also ein anderes Grundrecht, verletzte. Auch die durch Art. 140 GG aus der WRV übernommenen Kirchenartikel wirken in gewisser Weise als Schranke des Art. 4 GG (s. oben). Es ist wohl keine Frage, daß niemand die Zahlung von Steuern unter Berufung auf seine Bekenntnisfreiheit verweigern darf, weil der Staat aus dem Steueraufkommen, zu dem jener beigetragen hat, Leistungen an die Religionsgesellschaften erbringt. Sofern durch solche Staatsleistungen an die Kirchen die Bekenntnisfreiheit des einzelnen Steuerzahlers überhaupt tangiert wird, muß er sie doch dulden, weil sie in dem verfassungsmäßigen Verhältnis von Staat und Kirche, vor allem in Art. 137 Abs. 6 und 138 WRV i. V. m. Art. 140 GG verankert sind. Soweit dem Staat durch die Übernahme der Verwaltung der Kirchensteuern Unkosten entstehen, die nicht von den Kirchen abgegolten, sondern aus dem allgemeinen Steueraufkommen gedeckt werden müssen, kann sich der Steuerzahler dagegen ebensowenig wehren wie gegen die in Art. 138 WRV aufrechterhaltenen Staatsleistungen an Religionsgesellschaften.

Anders liegt es, wenn ein Kirchenfremder zu unmittelbaren Leistungen an eine Kirche gezwungen wird. Hier wird nicht nur die Pflicht des Staates zur religiösen und konfessionellen Neutralität verletzt,

---

[46] So ist z. B. die Ritualtötung, die heute noch zum Glaubensbereich einiger afrikanischer Völker gehört, nach unserem Recht trotz Art. 4 Abs. 1 und 2 GG verboten und als Totschlag (evtl. Mord) strafbar. Hier ist die in Art. 4 GG gemeinte und gewährleistete freie Religionsausübung überhaupt nicht berührt. Ebenso muß sich ein Dissident das Glockengeläute, das Gläubige zum Gottesdienst ruft (vgl. *Liermann*, a.a.O., S. 8), gefallen lassen; in dieser Duldung eines für den Dissidenten bedeutungslosen, wenn auch für ihn störenden Geräusches liegt kein erzwungenes „Bekenntnis". Auch hier ist die Bekenntnisfreiheit überhaupt nicht tangiert.

sondern auch die Religionsfreiheit des Kirchenfremden tangiert. Dabei mag man mit Klein, Engelhardt[47] und anderen annehmen, daß hier nicht die Glaubensfreiheit in einem weiteren Sinne (im Sinn der freien Bildung einer Glaubensüberzeugung), sondern die Bekenntnisfreiheit betroffen wird. Das Bundesverwaltungsgericht stellte im Anschluß an Klein fest, daß das Bekenntnis nicht nur in Worten, sondern auch in Taten bestehen könne, z. B. in finanziellen Leistungen an eine bestimmte Religionsgemeinschaft. Es folgert daraus, daß grundsätzlich niemand, der die Bekenntnisfreiheit für sich in Anspruch nehme, zu finanziellen Leistungen für Zwecke einer Religionsgesellschaft gezwungen werden dürfe, der er nicht angehört (BVerwGE 7, 189 [194]). Den gleichen Standpunkt vertritt (neben anderen) auch Engelhardt. „Die finanzielle Unterstützung einer Religionsgesellschaft ist keine glaubensneutrale Handlung. Sie setzt den Willen voraus, religiöse Betätigung zu fördern und impliziert damit die innere Bejahung dieser religiösen Betätigung" (a.a.O., S. 100).

Nun ist sicher nicht jede Geldleistung an eine Kirche zugleich ein religiöses Bekenntnis. Man denke z. B. an die Straßensammlung für karitative Zwecke einer bestimmten Kirche, für die auch Andersgläubige oder Ungläubige eine Geldmünze spenden, ohne sich dabei zu jener Kirche zu bekennen. Auf der anderen Seite kann in der Geldleistung ein recht intensives Bekenntnis zu einer Kirche liegen, z. B. in der Spende für die Missionen, deren Zweckbestimmung die Glaubensverbreitung ist. Engelhardt fährt deshalb fort: „Wenn es im Einzelfall denkbar ist, daß jemand eine Religionsgesellschaft aus anderen Beweggründen unterstützt, so muß das im vorliegenden Zusammenhang außer Betracht bleiben. Ebenso wie niemand gehindert werden kann, eine Religionsgesellschaft durch Beiträge zu unterstützen, darf kein Nichtmitglied gegen seinen Willen zu einer solchen Handlung gezwungen werden, denn die Religionsfreiheit in ihrem weiteren Verstande ist — das sollte heute keiner näheren Begründung mehr bedürfen — sowohl positiv als auch negativ gerichtet" (a.a.O., S. 100, 101). Er kommt zu dem Ergebnis: „Art. 4 Abs. 1 GG steht daher einer kirchlichen Besteuerung von Nichtmitgliedern grundsätzlich entgegen" (a.a.O., S. 102). Nun kann sich, wie das BVerwG in der oben zitierten Entscheidung ausgesprochen hat, auf die Bekenntnisfreiheit nur jemand berufen, für den sie von Bedeutung ist; deshalb schließt es die Berufung juristischer Personen auf die Bekenntnisfreiheit aus, weil sie nicht in einem religiösen Bekenntnis beschwert sein können. Solche Bedenken haben im Kirchenbausteuerurteil das BVerfG bewogen, die Lösung über Art. 2 Abs. 1 GG und das verfassungsmäßige Verhältnis

---

[47] *Engelhardt*, Die Kirchensteuer in der Bundesrepublik Deutschland, 1967, S. 100.

von Staat und Kirche zu suchen. Es wäre verfehlt, daraus zu schließen, daß der 1. Senat des BVerfG in seiner Mehrheit die These Kleins von der negativen Finanzierungsfreiheit abgelehnt habe; er hat nur dieses Problem umgangen, weil sich im Ortskirchenbausteuerverfahren eine juristische Person darauf berufen hatte. Von Bedeutung ist, was hierzu Wiltraud Rupp von Brünneck (Mitglied des 1. Senats des BVerfG) in einem Beitrag zur Festschrift für Adolf Arndt (Zur Grundrechtsfähigkeit juristischer Personen) schrieb: „Der Schutz der Gewissensfreiheit und der freien Religionsausübung gilt der höchstpersönlichen Sphäre der natürlichen Person; eine zur erwerbswirtschaftlichen Betätigung gebildete Handelsgesellschaft existiert und agiert nicht in diesem Bereich. Sie kann also durch einen Eingriff des Staates dort nicht verletzt sein. Dies läßt sich auch nicht mit Hilfe eines ‚Durchgriffs' auf die verantwortlichen Rechtsträger der juristischen Personen konstruieren" (a.a.O., S. 377 f.)[48].

3. Es ließen sich noch weitere Zeugen für wie auch gegen die These von Klein anführen. Soweit es sich um die Heranziehung Kirchenfremder zur Kirchensteuer handelt, erübrigt es sich, nachdem dies vom BVerfG für verfassungswidrig erklärt wurde. Dagegen fragt es sich, inwieweit sich die oben dargelegten Gedanken auch bei anderen Leistungen Kirchenfremder zugunsten von steuerberechtigten Kirchen, insbesondere die Mithilfe bei der Einziehung der Kirchensteuern, anwenden lassen. Hier ist zunächst von Bedeutung, daß der einzelne Arbeitgeber (ebenso wie die Handelsgesellschaft) beim Kirchenlohnsteuerabzug nicht im inneren Intimbereich der Glaubens- und Bekenntnisfreiheit agiert, sondern im Rahmen seiner wirtschaftlichen Betätigung. Deshalb ist durchaus die Frage berechtigt, ob seine Bekenntnisfreiheit überhaupt tangiert sei. Immerhin wird man feststellen müssen, daß die *Kirchen* selbst kraft ihrer Kirchenhoheit solche Dienstleistungen von Nichtmitgliedern nicht fordern könnten. In einer Übergangszeit vor einer Regelung des Lohnabzugs durch ein staatliches Gesetz waren deshalb die Kirchen auf Vereinbarungen mit den Arbeitgebern auf der Basis der Freiwilligkeit angewiesen.

Unser Problem ist aber, ob der *Staat* die Arbeitgeber mit gesetzlichem Zwang zu solchen Leistungen verpflichten darf. Dabei mag dahinstehen, ob ein kirchenfremder Arbeitgeber gezwungen werden darf, *unmittelbar* für die Religionsgesellschaften den Kirchensteuerabzug vorzunehmen und die abgezogenen Lohnbeträge *unmittelbar* an Kirchensteuerbehörden abzuführen und mit ihnen abzurechnen. Er

---

[48] Ähnlich das BVerwG in der oben zitierten Entscheidung, das freilich daraus andere Konsequenzen gezogen hat als das BVerfG. Vgl. auch *Engelhardt*, a.a.O., S. 119 f.

würde dann in der Tat zu *unmittelbaren* Hilfeleistungen für eine von ihm abgelehnte Kirche verpflichtet und in die Rolle eines „Steuereinnehmers" der Kirchen, einer „Hilfsperson" der Kirchen bei der Einziehung der Kirchensteuern gedrängt. Vielleicht würde seine Tätigkeit dann aus der bloß wirtschaftlichen Tätigkeit in den Bereich der Bekenntnisfreiheit übergreifen.

Für unseren Fall bedarf dies keiner Prüfung, da der Gesetzgeber den Arbeitgeber nicht zu einer unmittelbaren Hilfstätigkeit für kirchliche Behörden zwingt, sondern für seine eigenen Finanzbehörden in Pflicht nimmt. Hat man die oben angedeuteten Bedenken, dann ist es von entscheidender Bedeutung, daß sich der Staat mit seiner eigenen Hoheitsgewalt zwischen seinen Staatsbürger und die Kirchen schiebt. Wenn schon der Staat auf Grund von Art. 137 Abs. 6 WRV i. V. m. Art. 140 GG berechtigt und in gewissem Umfang verpflichtet ist, den Kirchen bei der Erhebung der Kirchensteuern Hilfe zu leisten, wenn also verfassungsrechtliche Einwände gegen die Übernahme der Verwaltung der Kirchensteuern durch den Staat nicht begründet sind, dann kann auch die Heranziehung von Kirchenfremden zur Hilfeleistung für den Staat bei diesem Geschäft den Kirchenfremden nicht in seiner Bekenntnisfreiheit verletzen. Seine Mithilfe bei der Einziehung der Kirchenlohnsteuer ist eine Leistung an den Staat[49], nicht an die Kirchen, denen im Endeffekt der Erfolg seiner Leistung zugute kommen mag. Er bleibt entweder mit der Einbehaltung und Abführung von staatlicher und Kirchenlohnsteuer im Bereich seiner wirtschaftlichen Betätigung und der damit verbundenen Pflichten gegenüber dem Staat, so daß seine Bekenntnisfreiheit — durch seine Tätigkeit für den Staat — überhaupt nicht tangiert ist. Oder man argumentiert so, daß die auf den Kirchenartikeln beruhenden Pflichten des Staates gegenüber den Kirchen die Bekenntnisfreiheit des einzelnen einschränken, so daß er es hinnehmen muß, wenn der Erfolg einer dem Staat geleisteten Hilfstätigkeit letzten Endes den Kirchen zugute kommt.

Der Vorgang ist im Grunde der gleiche wie bei der Mitwirkung des Arbeitgebers bei der Lohnpfändung. Würden die Kirchen die Verwaltung der Kirchensteuern in eigener Regie behalten, dann müßte der Staat mit seinen Zwangsmitteln nicht freiwillig an die Kirchen bezahlte Kirchensteuern beitreiben. Das nächstliegende wäre die Lohnpfändung, bei der der Staat den Arbeitgeber in der gleichen Weise in Pflicht nimmt. Der Arbeitgeber müßte auf Grund des Pfändungsbeschlusses den pfändungsfreien Lohnbetrag errechnen, den pfändbaren Lohnbetrag für die Kirchensteuer vom Lohn einbehalten und

---

[49] Vgl. *Engelhardt*, a.a.O., S. 199 f.

an die Vollstreckungsstelle des Finanzamtes abführen. Mit einer Berufung auf seine Bekenntnisfreiheit könnte sich der Arbeitgeber dieser Pflicht zur Mitwirkung an der Beitreibung der Kirchensteuer nicht entziehen, obwohl auch hier der Arbeitgeber indirekt für die betreffende Kirche tätig wird, der auch der Erfolg seiner Tätigkeit zugute kommt. Auch hier leistet der Arbeitgeber seinen Hilfsdienst dem Staat, nicht anders als bei der Einbehaltung und Abführung der Kirchenlohnsteuer an das Finanzamt. Daß in dem einen Falle die Mitwirkung des Arbeitgebers bereits am Anfang des Verfahrens, bei der Erhebung der Kirchenlohnsteuer, im anderen Falle in der Endstufe, bei der Vollstreckung erfolgt, kann nicht von Bedeutung sein. In beiden Fällen verhilft der Arbeitgeber — über die staatliche Behörde — den Kirchen zur Erfüllung ihres Steueranspruchs gegen seine Arbeitnehmer[50].

Auch die Berufung eines Arbeitgebers auf seine Bekenntnisfreiheit geht also gegenüber seiner Pflicht zum Abzug der Kirchenlohnsteuer fehl.

4. Das gleiche gilt für die Haftung des Arbeitgebers für die ordnungsmäßige Erfüllung seiner gesetzlichen Pflichten. Es kann auf das oben S. 17 ff. Gesagte verwiesen werden. Diese Haftung ist zum Lohnabzug akzessorisch. Ihr Zweck ist es, den Arbeitgeber zur Erfüllung seiner Pflichten anzuhalten, die ihm dem Staat gegenüber bei der Erhebung der Kirchensteuer auferlegt sind. Auch diese Haftung besteht nicht unmittelbar den Religionsgesellschaften gegenüber, die ihn in keinem Falle unmittelbar in Anspruch nehmen könnten, auch nicht auf Grund der Haftung. Die Akzessorietät dieser Haftung bewirkt, daß sie von selbst in Fortfall kommt, wenn der Staat die Verwaltung der Kirchenlohnsteuer aufgibt. Sie könnte nicht ohne weiteres in eine Haftung gegenüber den Kirchen umgedeutet werden. Ob sie bei einer gesetzlichen Neuregelung, bei der die Verwaltung der Kirchenlohnsteuer von den Kirchen selbst übernommen würde, als unmittelbare Haftung gegenüber den Kirchen neu begründet werden könnte, ist fraglich, kann aber hier dahinstehen.

Es sind schließlich Bedenken daraus hergeleitet worden, daß der Arbeitgeber seine immerhin mit eigenen Kosten verbundenen Dienste unentgeltlich leisten müsse. Soweit es sich um die Einbehaltung der staatlichen Lohnsteuer handelt, sind ernsthafte Bedenken solcher Art kaum erhoben, jedenfalls nicht anerkannt worden. Vielmehr hat der

---

[50] *Tröger*, a.a.O., S. 112 f., läßt zwar bei der Zwangsbeitreibung eine Berufung des Arbeitgebers auf seine Bekenntnisfreiheit nicht zu, wohl aber beim Kirchenlohnsteuerabzug, jedoch ohne einleuchtenden Grund. Natürlich ist die Situation in beiden Fällen verschieden, aber doch nicht hinsichtlich der Inanspruchnahme eines Dritten zur Verwirklichung des Steueranspruchs der Kirchen.

BFH in der oben zitierten Entscheidung[51] ausdrücklich ausgesprochen, daß es nicht gegen das GG verstößt, daß der Arbeitgeber den Lohnabzug unentgeltlich durchführen muß. Das gleiche muß auch für den Abzug der Kirchenlohnsteuer gelten, die der Staat für die Kirchen verwaltet. Für diesen Dienst kann der Arbeitgeber ebensowenig eine Vergütung fordern. Er kommt nur einer allgemeinen, allen Arbeitgebern auferlegten öffentlichen Pflicht gegenüber dem Staat nach. Im übrigen ist die zusätzliche Belastung bei der Einbehaltung der Kirchenlohnsteuer zusammen mit der staatlichen Lohnsteuer nicht erheblich. Der Aufwand dürfte, wie dargelegt, geringer sein als bei der viel komplizierteren Berechnung bei Lohnpfändungen für Kirchensteuern, mit denen der Arbeitgeber in größerem Umfang zu rechnen hätte, wenn das System des Lohnabzugs für Kirchenlohnsteuern aufgehoben würde[52]. Ob die Kirchen oder der Staat für den Lohnabzug den Arbeitgebern eine Vergütung gewähren wollen, insbesondere bei der Kirchenlohnsteuer, weil der Staat selbst dafür eine Vergütung von den Kirchen erhält, ist eine Frage des freien Ermessens. Eine angebliche Verletzung der negativen Glaubensfreiheit würde mit einer Vergütung für die erzwungenen Dienste nicht aus der Welt geschafft.

Das Ergebnis kann wie folgt zusammengefaßt werden:
1. Der zur Einbehaltung und Abführung der Kirchenlohnsteuer herangezogene Arbeitgeber ist nicht Steuerschuldner, hat also keine eigenen Geldleistungen an eine ihm fremde Kirche zu erbringen.
2. Der Arbeitgeber wird auch nicht zur Haftung für die Kirchensteuerschuld seiner Arbeitnehmer gegenüber den Kirchen gezwungen. Er „haftet" nur für die ordnungsgemäße Erfüllung einer ihm vom Staat auferlegten Dienstleistungspflicht gegenüber dem Staat.
3. Beim Lohnabzug wird der Arbeitgeber als „Hilfsperson des Steuerfiskus" tätig, leistet seine Dienste auf Grund einer allgemeinen Dienstpflicht dem Staat und nicht den steuerberechtigten Kirchen; ihnen kommt zwar indirekt der Erfolg seiner Tätigkeit zugute; aber er tritt zu ihnen in keine unmittelbare Beziehung. Der Staat verletzt dadurch nicht seine Pflicht zur religiösen Neutralität.
4. Auch die auf Art. 4 GG beruhende Glaubens- und Bekenntnisfreiheit des Arbeitgebers ist nicht verletzt. Soweit sie überhaupt tangiert wird, findet sie ihre Schranke in dem der Kirche verfassungsmäßig eingeräumten Recht, von ihren Mitgliedern Steuern als Zwangsbeiträge zu erheben, und der verfassungsmäßigen Pflicht des Staates, ihr dabei sein brachium saeculare zu leihen.

---

[51] Wie oben S. 7, vgl. BStBl. 1963, III, S. 469.
[52] Bisher ist wohl kaum jemand auf die Idee gekommen, den Arbeitgeber an den Beitreibungskosten für eine Lohnpfändung zu beteiligen.

Printed by Libri Plureos GmbH
in Hamburg, Germany